移动平均线技术

（第二版）

金 奕 著

地震出版社
Seismological Press

图书在版编目（CIP）数据

移动平均线技术／金奕著. —2版. —北京：地震出版社，2017.8（2023.4重印）

ISBN 978-7-5028-4863-7

Ⅰ.①移…　Ⅱ.①金…　Ⅲ.①股票投资–基本知识　Ⅳ.①F830.91

中国版本图书馆 CIP 数据核字（2017）第 163253 号

地震版　XM5510/F（5564）

移动平均线技术（第二版）

金　奕　著

责任编辑：刘素剑　吴桂洪

责任校对：凌　樱

出版发行：**地震出版社**

北京市海淀区民族大学南路 9 号

发行部：68423031　68467991

总编室：68462709　68423029

证券图书事业部：68426052

http://seismologicalpress.com

E-mail: zqbj68426052@163.com

邮编：100081

传真：68467991

传真：68455221

经销：全国各地新华书店

印刷：大厂回族自治县德诚印刷有限公司

版（印）次：2017 年 8 月第二版　2023 年 4 月第 7 次印刷

开本：710×1000　1/16

字数：253 千字

印张：15.5

书号：ISBN 978-7-5028-4863-7

定价：45.00 元

前　　言

　　灵动的移动平均线是趋势的语言，或如溪流潺潺、轻柔婉转；或如怒海狂澜、响遏行云。移动平均线的动与静、行与止之中，会流露出很多关于趋势的"密语"，而一个善于倾听市场声音的投资者，不会漠视来自于移动平均线的"天籁之音"。

　　移动平均线是流动的成本曲线，投资市场的博弈性决定了价格必然围绕成本上下波动，只要市场不停息，成本必然瞬息流转，移动平均线就会随之"起舞"。本书所讲的移动平均线分析，是作者在 10 多年实盘操作中成功经验的总结，是经历两轮牛熊转换后的切肤之感。要把握股市、期市价格的变动，必须进行基本面和技术面的综合分析，而技术面更为重要，因为价格反映一切嘛。在技术面中，长、短期移动平均线方式最为重要，这样讲并不是要求你必须抓住移动平均线所有阶段的"舞姿"，那是不可能完成的任务，也是移动平均线分析的误区。移动平均线分析应当有一个"形"与"势"相吻合的分析流程，我们只需在动态的成本与价格之间寻求趋势的痕迹。

　　"形与势"理论下的趋势发现法，是作者投资多年体会出的移动平均线分析核心思想，也是对移动平均线分析的创新与探索，更是作者自己投资成功的秘密武器。一只猎豹奔跑起来，并开始追逐羚羊，在这里奔跑是"形"，追逐是"势"，我们就可以确认猎豹在捕猎状态中；而如果猎豹卧在草地上没动，虽然不远处就有羚羊，你能确定猎豹一定会有行动吗？即便猎豹跑了起来，但它只是遛了个弯，很快又躺下休息，并没有去追逐羚羊，只有"形"而不具备"势"，则不能认为猎豹处于捕猎状态，这就是"形与势"理论下趋势发现法。道理说白了似乎很简单，但是回顾我们在投资中所遭遇的失利与亏损，可能很大一部分都是缘于我们漠视了"形与势"的存在，或者仅因为"形"的存在，就促使我们用主观愿望去预估"势"必然存在，由此犯下用"希望"来决定交易的错误。

　　一个与众不同的移动平均线分析法，让移动平均线分析理论生动而深刻、易懂而实用，这是作者愿意将自己的体会奉献出来的初衷。在写作中力求避免用整篇文字枯燥无味地讲述理论知识，而尽量采用图文并茂的形式多选取实战案例，这些案例大多是作者亲自参与过的，通过图例分析来阐述理论要点，使读者朋友能够清晰明了地解读相关知识，从而更有利于由理论过渡到实战应用中去。

目　　录

第一章　移动平均线的技术原理

　　移动平均线是应用范围最为广泛的一种技术分析手段，在股票、期货、外汇、债券等投资、投机市场上都可以看到它的"魅影"。之所以如此大受青睐，原因就在于移动平均线是最能揭示价格运行本质的一种技术指标。当然，就投资交易而言，与其说移动平均线反映的是价格的波动与变化，不如说其直接体现的是市场投资大众的表情与心跳。

第一节

均线概论

一、均线渊源与计算公式

移动平均线，简称均线，它的沉浮俯仰代表着一段时间内市场平均持仓成本的消长盈虚。均线不能决定价格的运行，但是通过均线分析可以发现价格运行的奥秘，这也是本书力图解读的核心内容。解读均线是一门学问，需要具备相关的专业知识，而知识最好从基础开始学习，因为根基的牢固与否决定着未来的高度和方向，均线分析概莫能外。

说均线，就不能不说道氏理论，均线的理论基础根植于道氏理论或者说是这一理论的表现形式之一。撇开道氏理论，均线只能是算命先生用来唬人的道具，亦或是空中飘荡的风筝断线。基于此，简略地认识和理解一些道氏理论的基本内容就很有必要。

1. 道氏理论

闻名遐迩的道氏理论，发轫于道琼斯公司和道琼斯指数创始人之一的查尔斯·道，而后威廉·彼得·汉密尔顿和罗伯特·雷亚对于这一理论进行了补充、发展和完善。道氏理论的核心，笔者认为主要由5个定理和3个假设构成：

（1）5个定理

定理一：

市场指数有三种走势，三者可以同时出现。第一种走势最重要，它是主要趋势，整体向上或向下的走势被称为多头或空头市场，期间可能长达数年；第二种走势最难以捉摸，它是次级的折返走势，是主要多头市场中的重要下跌走势，或是主要空头市场中的反弹，修正走势通常会持续三个星期至数个月；第三种走势通常较不重要，它是每天波动的走势。

在定理一中，道氏理论对纷乱繁杂的市场运行状态进行了有序地规整，并首创长期（主要）趋势、中期（次级）趋势、短期趋势的分类，这对于投资者辨别行情的性质和采取不同的交易策略有着非同寻常的重要意义。如图 1-1 所示。

图 1-1 市场的三种趋势（美原油）

定理二：

主要走势代表整体的基本趋势，通常称为多头或空头市场，持续时间可能在一年以上乃至于数年之久。正确判断主要走势的方向，是投机行为成功与否的最重要因素。没有任何已知的方法可以预测主要走势的持续期限。

通过定理二，我们可以发现道氏理论看重的市场运行的长期（主要）趋势，并认为投资或投机成功的关键就在于是否能够判断出当前行情运行的整体趋势。换句话说，你采取的投资或投机行为是顺势而为还是与大势对抗。

定理三:

主要的空头市场是长期向下的走势,其间夹杂着重要的反弹。唯有股票价格充分反映可能出现的最糟情况后,这种向下走势才会结束。空头市场会历经三个主要的阶段:第一阶段,市场参与者不再期待股票可以维持过度膨胀的价格;第二阶段,市场卖压化反映着经济状况与企业盈余的衰退;第三阶段,对股票失望性的卖压,不论价值如何许多人都急于变现。

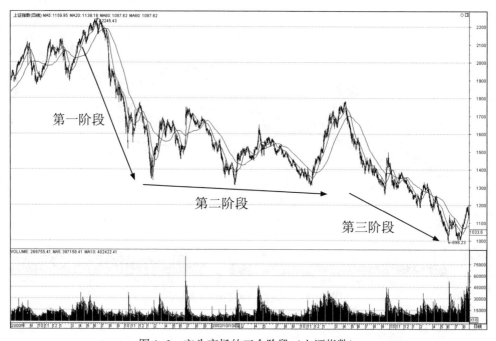

图1-2　空头市场的三个阶段(上证指数)

定理三所讲述的,就是我们通常所说的熊市行情。所以,如今耳熟能详的熊市行情三个阶段的划分法,也可以说就源自道氏理论。在这三个阶段中,参与者分别有着不同的心态和行为。如图1-2所示。

定理四:

主要的多头市场是一种整体性的上涨走势,其中夹杂次级的折返走势，平均的持续期间长达两年。在此期间，由于经济情况好转与投机活动转盛，所以投资性与投机性的需求增加，并因此推高股票价格。多头市场也有三个阶段：第一阶段，人们对于未来的景气恢复信心；第二阶段，股票对于已知的公司盈余改善产生反应；第三阶段，投机热潮转炽而股价明显膨胀——这阶段的股价上涨是基于期待与希望。

定理四所讲述的，就是我们通常所说的牛市行情。和熊市行情一样，道氏理论同样将牛市行情划分为三个阶段。如图 1-3 所示。

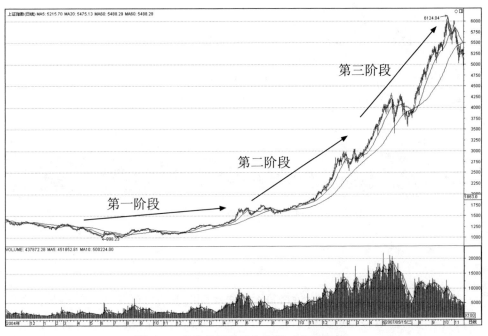

图 1-3 多头市场的三个阶段（上证指数）

定理五：

次级折返走势是多头市场中重要的下跌走势，或空头市场中重要的上涨走势，持续的时间通常在三个星期至数个月，此期间内折返的幅度为前一次级折返走势结束之后主要走势幅度的 33%～ 66%。次级折返走势经常被误以为是主要走势的改变，因为多头市场的初期走势，显然可能仅是空头市场的次级折返走势，相反的情况则会发生在多头市场出现顶部后。

定理五是关于中期（次级）趋势的论述，也就是牛市行情中的回调趋势、熊市行情的次级反弹趋势。如图 1-4 和图 1-5 所示。

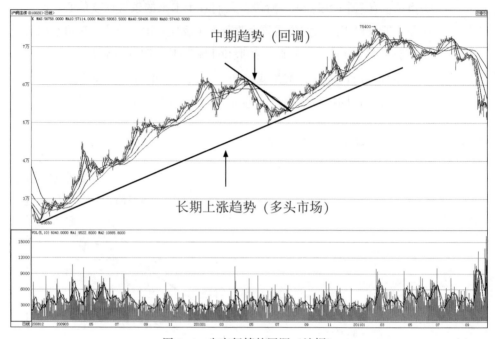

图 1-4　牛市行情的回调（沪铜）

（2）3 个假设

假设一：

人为操纵，是指价格每天、每星期的波动可能受到人为操纵，次级折返走势也可能受到这方面一些影响，比如常见的调整走势，但主要趋势不会受到人为的操纵。

价格的操纵行为可以说是投资及投机市场中难以回避的事实，尤其对于中短期的价格运行趋势而言更是如此。市场的长期运行趋势却很少受到这种影响，人为操纵只能使得长期趋势加速或迟缓，并不足以使其发生改变。如图 1-6 所示，在一个主要（长期）上涨趋势运行过程中，一些受到人为操纵发生的单日剧烈下跌或次级回调趋势无法改变主要趋势的运行方向；换言之，人为操纵的因素对主要趋势很难发生转折性的影响。

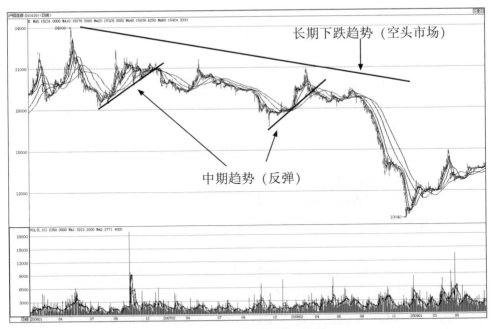

图 1-5 熊市行情的反弹（沪铝）

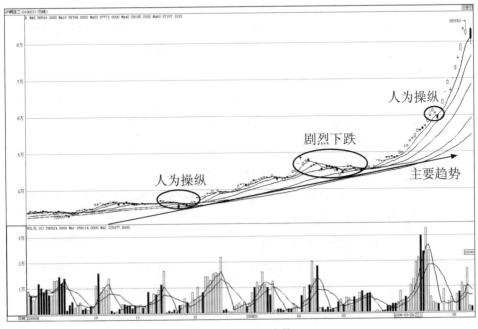

图 1-6 沪铜的走势

假设二：

市场价格会反映每一条信息：每一位对于金融事务有所了解的市场人士，他所有的希望、失望与知识，都会反映在道琼斯指数或其他指数每天的收盘价波动中。因此，市场指数永远会适当地预期未来事件的影响。如果发生火灾、地震、战争等灾难，市场指数也会迅速地加以评估。

市场价格反映的是个人与机构各种不同的意见，既包括乐观主义者，也包括悲观主义者，而不是任何个人的见解。当投资者的个人见解或者预测符合市场对于事件的反应时，必然会带来盈利，而对于违背者就只有亏损在等着他了。

假设三：

道氏理论并非完美的理论，成功利用它协助投机或投资行为，需要深入研究，并客观地综合判断。绝不可以用希望去思考和判断。

摒弃用主观愿望进行交易，客观地看待市场以及所有的分析理论，无论投资还是投机交易，都容不得半点神秘主义和运气成分的存在。笔者认为这就是道氏理论的精髓所在。

道氏理论的 5 个定理和 3 个假设，希望读者能够有所记忆和理解，这对于我们理解和应用均线理论有很大的帮助。

2. 均线的计算公式

将一段时期内价格的平均值连成曲线，即形成移动平均线。其计算方法就是将最近 N 个交易日的收盘价进行相加并取平均值，然后将计算所得的一系列平均值以线段的形式相连接，即形成了均线。

计算公式为：$MA = (C_1 + C_2 + C_3 + \cdots + C_N) / N$

其中，C 代表某时间段的收盘价，N 表示移动平均的周期，如 5 日、10 日、20 日、60 日等。

以 5 日均线的形成为例说明：

某股连续 10 日的收盘价为 10 元、10.5 元、10.3 元、10.1 元、10.7 元、10.2 元、9.8 元、9.6 元、9.7 元、10.5 元，则它的 5 日均线值为：

$MA = (10 + 10.5 + 10.3 + 10.1 + 10.7) / 5 = 10.32$（5 日平均值）；

MA＝（10.5+10.3+10.1+10.7+10.2）/5＝10.36（5日平均值）；

MA＝（10.3+10.1+10.7+10.2+9.8）/5＝10.22（5日平均值）；

MA＝（10.1+10.7+10.2+9.8+9.6）/5＝10.08（5日平均值）；

MA＝（10.7+10.2+9.8+9.6+9.7）/5＝10（5日平均值）；

MA＝（10.2+9.8+9.6+9.7+10.5）/5＝9.96（5日平均值）。

将上述的5日平均值以线段相连即形成5日均线；10日、20日、60日等均线的计算与此类同。

上面讲的是算术移动平均线的计算，也是最为常用一种计算方法；移动平均线的计算方法还包括加权移动平均线等计算方法。所谓的加权移动平均线，是指基于计算周期内越是近期的收盘价对未来价格波动的影响越是明显，因此赋予其较大的权重。常见的有以下几种：

（1）末日加权移动平均线

计算公式：$MA = \dfrac{C_1 + C_2 + \cdots + C_N \times 2}{N+1}$

（2）线性加权移动平均线

计算公式：$MA = \dfrac{C_1 \times 1 + C_2 \times 2 + C_3 \times 3 + \cdots + C_N \times N}{1 + 2 + 3 + \cdots + N}$

（3）平方系数加权移动平均线

计算公式：$MA = \dfrac{C_1 \times 1 + C_2 \times 4 + C_3 \times 9 + \cdots + C_N \times N^2}{1^2 + 2^2 + 3^2 + \cdots + N^2}$

（4）阶梯加权移动平均线

$$MA = \dfrac{(C_1 + C_2) \times 1 + (C_2 + C_3) \times 2 + \cdots + (C_N - 1 + C_N) \times (N-1)}{2 \times 1 + 2 \times 2 + 2 \times 3 + \cdots + 2 \times (N-1)}$$

对于均线不同的计算公式和方法，有兴趣的读者朋友可以略作尝试，寻找对自己最有实战指导意义的那一种。

二、格兰维尔均线八法的奥秘

均线的发明者一直以来颇存争议，但是，美国人格兰维尔不管是不是均线的最初发明人，都不能否认他是均线理论的集大成者以及他在技术分析领域开宗立派的地位。正是他对于均线应用理论上的贡献，才使得均线这一技术分析工具能够直至今日仍旧在技术分析领域发挥着巨大的作用。

格兰维尔均线理论中，最为世人所熟知的就是他的格兰维尔均线八法。学习均线的基础理论，格兰维尔均线八法就是一个必须精读的部分；就像一个人想学钓鱼，总要先认识鱼钩一样。下面我们就来认识一下格兰维尔先生的"鱼钩"：

法则一：均线从下降逐渐走平且略向上方抬头，而股价从均线下方向上方突破，为买进信号。

关于格兰维尔八法的应用，读者可能会有一个疑问：八条法则所参照的均线周期是多少？能够问出这个问题，说明你在思考。明代王阳明先生有句名言："此心不动、随机而行"，所谓"此心不动"，是指意志和心态不被外界的杂波所蛊惑和干扰；所谓的"随机而行"，是指顺应事态的发展找到最适宜的解决办法。而格兰维尔八法中均线周期应是"随机而行"，就是这个均线的周期你可以设置为任何值，只要它有利于你看清局势、赚到利润；"此心不动"是指即便是原创者格兰维尔先生设置的这个均线周期和我们的不一样，你也无须为此忧心忡忡，因为能赚钱的设置就是最适宜的设置。

均线的周期，笔者设定为20日均线。下面我们进入到法则一的实际应用中来：如图1-7所示，图中A点20日均线由下降转而走平、上升，股价由下而上突破均线，出现买点。

在实战中并不是所有的均线走平、上升、价格突破都会带来适宜的买点，格兰维尔的这一法则并不是你按图索骥的模板。运用格兰维尔法则一时，你最少需要明确两点：

首先，要明确所设置的均线的意义何在？笔者在此所设置的20日均线，是一个介乎于短期和中期之间的均线类型，它的走平和上升意味着股价可能会出现一波短期以上的行情级别。当行情的发展符合法则一时，我们分析的结论必然是——这不是一个日间的反弹行情，而是一个短中期以上的上升行情。

不同的均线类型，出现同样的技术形态，市场意义会有较大的差别。如图1-8所示，如果将均线设置为5日均线，图中方框里出现

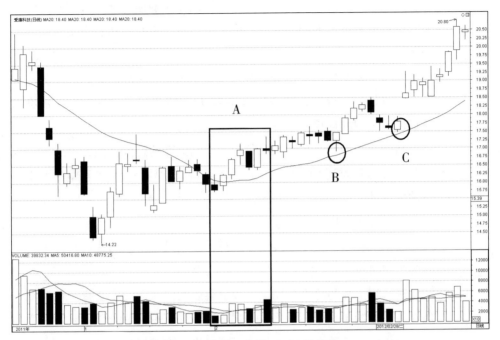

图 1-7　法则一应用——20 日均线

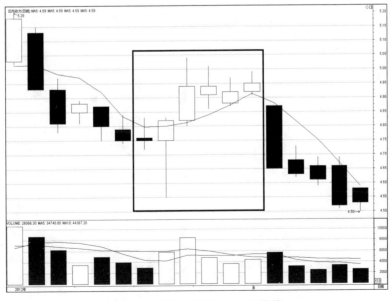

图 1-8　法则一应用——5 日均线

符合法则一的形态，但是投资者如果依此介入的话，会发现获利空间非常狭小而且最佳的交易时段一闪而逝，可以说并不适合大部分的投资者。

其次，要明确行情所处的环境。同样在图 1-7 中 A 点出现买点之前，股价的运行重心已经提前向 20 日均线靠拢，这就为之后的突破提供了理想的环境和条件。

当行情如期展开后，在股价尚未大幅上涨的阶段，图 1-7 中的 B 点和 C 点也都是适宜的介入点位。B 点和 C 点是一轮上涨行情中所出现的常规性的回调低点，只要这些回调低点未能有效击穿 20 日均线之前，投资者可以稳定持仓。

法则二：股价位于均线之上运行，回调时未跌破均线后再度上升时为买进时机。

在一轮上涨趋势维持期间，股价会多次回探以寻求支撑，同时清理浮筹。如图 1-9 所示，图中 A 点和 B 点股价都回落至 20 日均线之上，便止住下跌转而上升，投资者可借机买进或加仓。

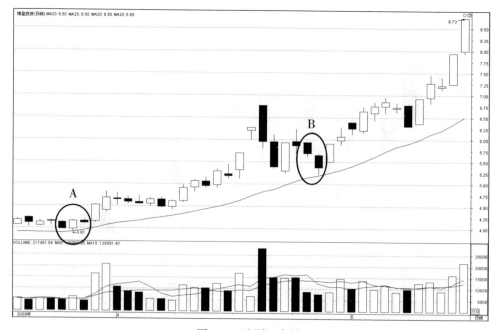

图 1-9　法则二应用

投资者设置好适宜自己操作习惯的均线类型之后，当股价在上涨途中回落至这条均线时，根据这条均线本身所蕴含的技术意义和所代表的成本含义，股价未跌破这条均线便止跌企稳，也就说明了股价之后将会出现的运行趋向。

法则三：股价位于均线之上运行，回调时跌破均线，但均线继续呈上升趋势，此时为买进时机。

在理解和应用格兰维尔八法的时候，我们可以多参照一些道氏理论的内容。比如道氏理论所提及的主要趋势和次级趋势之间的关系等。如图1-10所示，股价运行于20日均线之上，且不论主要趋势的情况，仅就图中而言，股价所处的必然是一波短期或以上级别反弹行情。当股价在A点和B点跌破20日均线，而均线保持上升趋势，在之后的交易日股价并未出现持续性的下行态势，则说明目前短期上涨趋势得到支撑和巩固后，有向中长期趋势转化的可能性。这种转化关系，在之后的章节中会重点讲述。

图1-10　法则三应用

　　实战中在上涨趋势初步形成后，出于清理浮筹或收集筹码的需要，类似于图 1-10 中 A 点和 B 点这种盘中跌破均线的强势回调是非常常见的。

　　法则四：股价位于均线以下运行，突然暴跌，距离均线太远，极有可能向均线靠近，此时为买进时机。

　　法则四所提及的买进时机，多数情况下应当将其定义为一个短期交易行为，原因在于判断股价买入的条件仅仅是股价和均线之间的乖离率，而并非一个行情的趋势。

　　股价过快、过急的暴跌，使其短时间内远离成本密集区，会使持仓者产生惜售心理和一些逢低抄底资金的青睐，在跌幅和跌速较大、较快的情况下，一波反弹往往就会随之而来。所以我们认为在法则四的条件下进行操作，投资者不可过分看好后市以及有过高的盈利预期。当然，并不排除在不同市场环境下，某些个股或指数会由此见到重要低点继而开始转势行情或者重新回归上涨趋势之中。

　　在图 1-11 中所标示的是股价迅速下跌、远离 20 日均线的情况。当创出最低价的交易日时，20 日均线的数值为 4.78 元，而当日收盘价为 4.43 元、盘中当时最低价为 4.36 元；当日收盘价距离 20 日均线有着 0.35 元的价差，相差近 8%。K 线图下方为乖离率指标，我们可以看到乖离率最大值出现在股价创出新低的前一交易日，可见乖离率在法则四买进时机的判断上有着比较理想的作用，乖离率的具体应用在后面章节会有详细讲述。

　　法则五：股价位于均线之上运行，连续数日大涨，离均线愈来愈远，说明近期内持仓者获利丰厚，随时都会产生获利回吐的卖压，是卖出信号。

　　如图 1-12 所示中，图中股价从 5 元多一直飙升至近 9 元，至 A 点乖离率达到 20 之上，随后股价横向盘整，继而开始回落。经过一段时间的低位整理后，股价再度开始上升，至 B 点股价再次远离均线，乖离率接近 20，所以再次出现横盘后开始下跌。

　　从图 1-12 中我们可以看到，股价过度远离均线、脱离成本区，意味着持仓者短期盈利大幅增加，必然会诱发持仓者兑现的欲望。

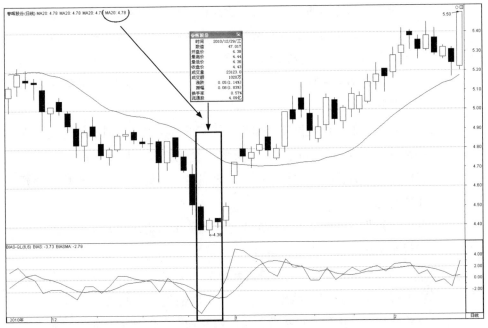

图 1-11　法则四应用

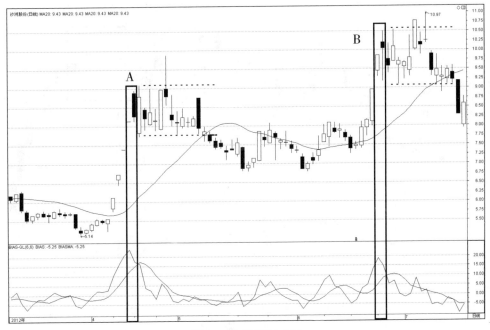

图 1-12　法则五应用

法则五和法则四都是分析股价在极端行情下的交易策略，它们以均线为参照，法则四是讲股价超卖，而法则五是股价的超买，无论是超卖还是超买，都会给投资者带来不同程度的获利机会，但前提是——你必须清醒地认识到超卖或超买的来临，而不是跟随超卖而卖、跟随超买而买！

其实，不仅仅是投资会如此，任何事情在单一方向上的过度表现都必然会引起逆转或崩溃，即所谓"全则必缺，极则必反。"所以，我们在投资时，有时用哲学的方式来思考和分析，比精确的数学计算还要管用。

法则六：均线从上升逐渐走平，当股价从均线上方向下跌破均线时说明卖压渐重，为卖出信号。

如图 1-13 所示，该图是美元指数的 K 线图，图中均线与指数同步上行，至 A 点时均线上行速率与角度悄然出现减缓，指数也于 A 点跌破均线，虽然之后指数曾试图收复均线，但都无功而返，最终无奈步入下跌行情。

图 1-13　法则六应用

观测均线和价格之间的关系不应只注意其中的"形"，就像在图1-13中看到 A 点指数首次跌破均线便认定下跌必然到来，在投资、投机的过程中仅依据技术分析的"形"并不能得出确定的结论。如果在 A 点指数首次跌破均线时，你认为下跌必然会到来，于是出手做空，之后指数并未直接开始下跌而是试图收复均线，这个时候你的空头仓位会让你很焦灼，倘若心态不是很过关而选择了平仓或反手做多，亏损就成为了唯一结果。无论是格兰维尔八法还是其他理论，我们在应用时都不能只看其"形"，而不注意其"势"。

那么什么是技术分析中的"形与势"呢？"形"，就如是法则六中的描述一样，在图1-13中 A 点指数首次跌破均线，它就是符合法则的"形"。"形"出现了，只是告诉我们一个信号，要验证这个信号的可靠性和真实性还需要"势"。"势"，是一个过程，是一个符合逻辑的推论。如图1-13中在 A 点出现之前，指数的运行重心已经开始向均线靠拢、触及均线，指数的高点也几乎都处于同一水平高度上，这种形态至少告诉了你上升趋势遇到了阻力；当 A 点指数跌破均线、试图收复均线不果时，下跌放空的"势"就已经很明了了。

均线理论在实战中应用，不能脱开"形与势"的配合分析。你看明白了均线和股价的"形"，只是在理论上刚刚入门，"势"才是交易行为的决定性因素。这也是源于道氏理论强调客观分析，剔除以主观愿望进行交易的原则。"形与势"理论，笔者又称之为"趋势发现法"。

法则七：均线和股价在下行趋势中，当股价反弹并涨升至在均线上方时，而均线却继续下行，是做空信号。

法则七其实是对道氏理论中主要趋势、次级趋势和短期趋势之间关系的一种技术性阐述。当主要趋势或者次级趋势为下跌时，短期趋势的逆向表现并不足以改变趋势的。在均线保持持续下行的态势下，说明当前的下跌趋势方兴未艾，短期的上涨在大多数情况下对整体趋势而言只能是短命反弹。也许有人会质疑：大趋势的改变也是从小趋势开始的，没有短期上涨的开端就不会带来中长期趋势的扭转。鉴别一个短期上涨是扭转趋势的开端还是一个不靠谱的短命反弹，关键就在于我们在上面所提及的"形与势"，反转和反弹，一样的"形"，绝不会是一样的"势"。

　　用案例来简要说明一下：如图 1-14 所示，图中 A 点，一根高开低走的 K 线收盘在持续下行的 20 日均线之上，我们从 A 点之前和之后的走势中，找不到任何支持价格即将转为上升的"势"，这里就是法则七所说的，只能是一个做空的信号；B 点处，价格再次反弹并突破 20 日均线，如何界定 B 点的"形与势"呢？在 B 点之前价格有一个小幅的上升，但是 20 日均线却并未出现任何"生机"依旧保持下行，B 点价格突破均线后重心却随同均线一起下行，这时候价格和均线的"形与势"就已经告诉了你方向的选择结果。

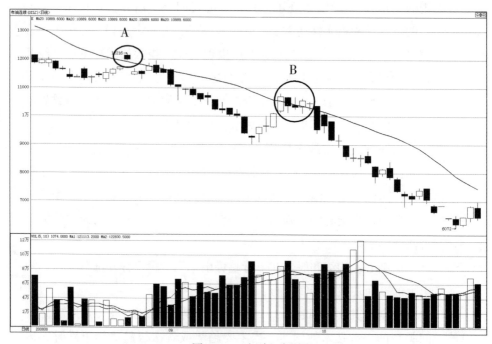

图 1-14　法则七应用

　　法则八：股价位于均线下方运行，反弹时未能突破均线，当股价再度出现下跌，此时为卖出时机。

　　应该说法则八所论及的是一个比法则七中所述的更弱势的反弹形态，这种弱势形态在不同投资品种的熊市中都可以经常看到。当这种弱势形态的反弹出现时,冲动的买入者必然会遭遇资金亏折的代价。有时候,你可以把均线看成一道长城,价格不能强势地翻越这道"长城"就说明目前的趋势必然还处于青黄不接的饥荒期,多方屡弱的体力目前完不成这项"突破运动",那么做空或等待就是理想的选择。

如图 1-15 所示,图中 K 线和均线同步下行,随着乖离率的加大,K 线以横盘和弱势反弹来修正过大的乖离。在这种情况下 K 线触及到下行中的均线,就像是自行车撞到了飞驰的坦克,结果都会很悲惨。

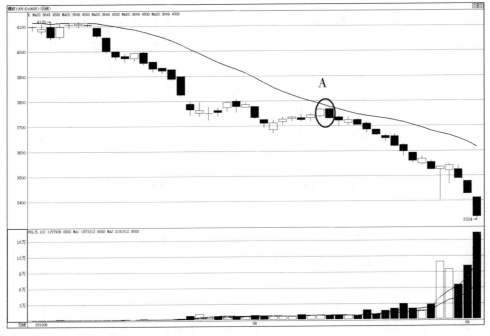

图 1-15 法则八应用

格兰维尔八法就讲到这里。笔者所认识和理解的格兰维尔八法并不是一个模型或模式,它只是一个投资理论中的"形",还要靠投资者自己在实战中不断用"势"来验证和完善。在投资或投机中,没有任何一种理论或经验值得让你镌刻成碑文、永远不必更新和修正得予以敬仰。真正能够赚钱的、实用的理论,必然是深入你的实战理念之中,经过实战的千锤百炼之后所形成的,才是属于你一个人的"形与势"。

三、均线的"魔力"

均线是用统计数据来分析和判断价格与趋势变化的一种技术指标，所以均线本身并不像一些人所认为的那样具有神奇的作用和非凡的魔力，但它在具有正确理念且对技术指标有深刻解读的投资者手中，却能够焕发出"神奇和魔力"。

佛经中有一个三兽渡河的寓言：兔、马、大象同时穿越恒河，兔子四脚完全踩不到河底，浮着水面而过；马匹四脚有时踩着河底、有时踩不到河底，半沉半浮而过；只有强壮的大象，四脚完全踩着河底，稳健而过。这个寓言以兔、马、大象三兽渡河入水之深浅，喻示佛教徒领会教义深浅的差异，后用以比喻同做一件事情，由于个人所下工夫不同，所得结果亦不同。投资者对均线理解的深浅程度不同，决定着均线在实战中能够起到的是正面作用还是负面作用、小作用还是大作用。

通常来说，均线的作用主要包括以下几个方面：

1. 助涨或助跌

在很多投资品种中，均线的助涨或助跌作用都很明显，这缘于均线的本质特征——平均成本。

（1）助涨作用

行情趋势向上时，价格的回落会受到均线的支撑，它来自于持仓成本的约束、未曾远离均线的价格在一个明显的上升趋势中很少会出现集中的抛售，即便受到部分卖盘的打压价格暂时回落至均线附近，只要不出现趋势性变化，持仓者一般不会轻易在成本线上出逃。于是价格企稳并再度回归上升。随着上升趋势的日益明确，资金会陆续加入到买入、持仓的队伍中来，致使价格和均线的上升速率越来越快、角度越来越陡峭。

如图1-16所示，图中5日、20日、60日均线金叉后与日K线同步上行，A点K线跌破5日均线，但得到了20日均线的支撑、升势继续，此后K线依附5日均线上行。同时在图中5日、20日、

60日均线保持多头排列，对于K线的上行趋势有着良好的支撑和保障作用。对于图中这种均线助涨趋势明确的投资品种，持仓者只需要关注两点：一是K线有效跌破5日线，这意味着当前的运行节奏有可能发生改变；二是K线与20日、60日均线之间日益增大的乖离，大的乖离率必然诱发兑现的欲望继而带来趋势的变化。

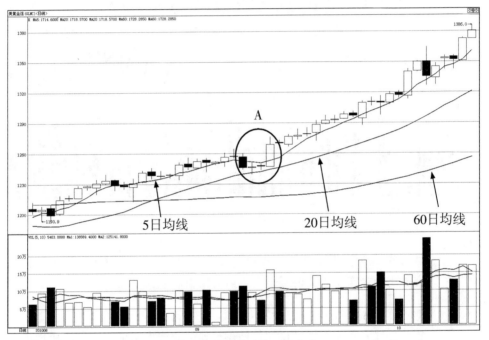

图1-16 均线的助涨（美黄金）

（2）助跌作用

在一个趋势明显的下跌行情中，价格的每一次反弹都会在均线附近戛然而止，情绪一直处于恐慌不安中的持仓者，一旦发现价格接近自己的成本线附近便会毫不犹豫地抛空持仓，而有所准备的做空者，在价格接近或者进入价格的密集成本区时，也会时刻准备着捕捉完美的放空良机。

如图1-17所示，图中5日、20日、60日均线死叉后与日K线同步下跌，A点K线每一次逼近20日均线都会出现跳水的走势，此后K线在5日均线的压制下继续下跌。图中B点，K线跃上20

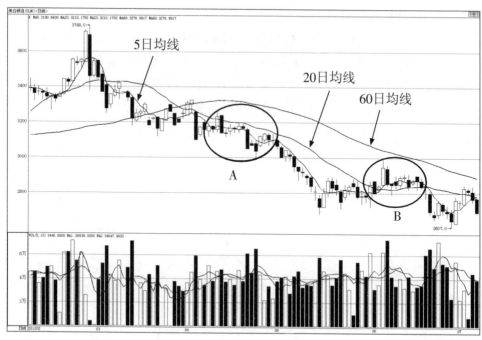

图 1-17 均线的助跌（美白银）

日均线且 20 日均线走平，但下行趋势中的 60 日均线对 K 线的上升和突破无疑带来了极大的威慑，之后价格再度下跌。

2. 趋势性

均线是最能够清晰反映价格运行趋势的技术指标之一。道氏理论的三种市场趋势类型，从均线上都可以得到明确的印证，同时均线也对道氏理论所论及的这三种类型在发生转折的关键判断上，具有较高的实用性。

图 1-18 中，美元指数在 A 点之前处于一个明显的主要下跌趋势之中，至 A 点指数连续突破 5 日、20 日、60 日均线的压制似乎有扭转趋势的迹象，但是如果我们仔细研读 A 点指数和均线的变化情况，就会发现事情并不怎么乐观：A 点 20 日、60 日均线基本上处于平缓波动的状态，这种均线的状态确实为指数提供了较理想的转势条件，但是指数的高点和低点却在下移。换句话说，指数的重心正渐渐向下脱离 20 日、60 日均线。也许实战中有人会以 K 线的

上升旗形来定义 A 点的指数形态，那么你就是一个以主观愿望交易的理想主义者，市场会很快开出给你的罚单。因为经过实战血泪洗礼的投资者都明白，在下跌趋势中出现上升旗形十有八九很不靠谱。A 点之后的走势也证明了这一点，试图扭转重大趋势的一方，不能存有任何技术上的瑕疵，否则只能是主要趋势延续过程中的一个次级或短期的波动。

图 1-18　均线的趋势性（美元指数）

　　图 1-18 中的指数在 B 点的表现和 A 点很相似，但是在 B 点指数成功地扭转了下跌趋势。仅就均线和指数的表现来说，指数的高点和低点并未出现 A 点那样的重心下移，同时也像我们前面所讲到的"均线就像一道长城"，只有价格或指数有能力征服"这道长城"，趋势才有扭转的可能性。在均线聚拢、向上发散并形成多头排列的助推下，最终指数在 B 点出现了突破。上升趋势由此展开。

　　图 1-18 中的 C 点是上升趋势中的一次回落，指数一度跌破 20 日均线，但是在 60 日均线保持上升状态的支撑下，指数迅速回升到上

升趋势中。和下跌趋势一样，上升趋势一旦形成也不会轻易就被打破，尤其是较大级别的趋势。趋势的扭转与形成，借助均线可以很好分析和研判，这也是本书主要解读的内容之一。

3. 相对稳定性

均线作为一种技术分析工具，相比其他技术指标在研判行情变化上更具有稳定性和安全性的特点和作用。尤其是在一套配置合理的均线系统中，各周期均线分别发挥着不同的作用，更有利于行情的分析和判断。

图 1-19 中，我们以技术指标 KDJ 为例，在 40 多个交易日中，KDJ 指标共计发出 8 次交易信号，且不论这些信号的正确与否，如此频繁的操作而且还要保持每一次交易都要稳定获利，可以说并不是每一位投资者都能够做到的。运用 KDJ 指标无疑增加了我们对行情判断上的难度，也累积了交易上的风险。

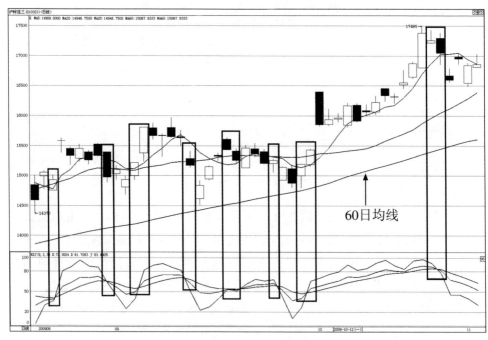

图 1-19　均线的稳定性（沪锌）

如果我们采用均线判断和分析行情，以 60 日均线为例，在一轮上升趋势中，价格的每一次波动只要不打破 60 日均线的有效支撑，我们都可以持仓不动。减少因过度交易所带来的风险，也是投资者不可忽视的一个方面。均线系统的相对稳定性，可以帮助我们少犯这方面的错误。

第二节

均线与周期分析

一、均线的周期分类

不同时间周期的均线，对当前价格的反映程度有很大的差异性，这种差异性对于判断价格运行趋势分别有着不同的揭示作用。例如，根据 5 日均线的表现，我们认为价格有可能会出现一波上涨，而 20 日均线却可以告诉我们即便出现了这个可能性的上涨，也大都会在 20 日线左右结束；再如，价格跌破 20 日均线，行情似乎将要转势向下，但是 60 日均线却告诉我们这不过是一波凶悍的回落整理，价格即将回升。均线的时间周期，乍看起来似乎只是数字的变化，但是在实战中却蕴含着每一次交易的盈与亏、成与败。

通常来说，常用的均线周期为：5 单位均线，10 单位均线，20 单位均线，30 单位均线，60 单位均线，120 单位均线，250 单位均线，500 单位均线等。均线的这个时间单位，视其所依附的系统不同，可以分为：日均线，周均线，月均线等，有人还采用季均线、年均线等时间周线更长的均线。笔者认为，过长时间周期的均线对于当前价格的变化起不到什么实际的作用，最多只是心理上的影响。

对于均线的周期数字，上述的只是大多数软件上的常规和默认设置，有些投资者喜欢采用斐波那契神奇数字来设置均线，比如，3，5，8，13，21，34，55，89，144。

斐波那契神奇数字是以一个最简单的数字 123 为基本数列的，把这个简单的数列的后两位数字不断相加，如 1+2＝3，2+3＝5，3+5

=8，5+8=13，8+13=21，13+21=34，21+34=55，34+55=89，55+89=144，从而得出斐波那契神奇数字 3，5，8，13，21，34，55，89，144……以至无穷。斐波那契神奇数字的特点是：神奇数列内，一个数字同其后一个数字的比值，大致接近于 0.618 的黄金分割比；而第三个数字，总是前两个数字之和。

至于使用斐波那契神奇数字来设置均线是否也具有"神奇"的效果，笔者不敢苟同。在技术分析上，笔者一直坚持要脚踏实地，可以让思想飞翔，但不可以让思想飞入神秘主义的领空。当然，笔者并不否定均线设置上的更改和尝试创新，就像我们前面说过的："均线的周期你可以设置为任何值，只要有利于你看清局势、赚到利润。"

二、日线系统上的均线

日线系统，是最为投资者所熟知和常见的系统。而日线系统上的均线，也是应用最为广泛、实战效果较为理想的一种分析和判断行情变化的均线模式。

日线系统上的均线常用的有：5 日，10 日，20 日，30 日，60 日，120 日，250 日，500 日均线等。

1. 3 日均线、5 日均线、10 日均线

3 日、5 日、10 日这三条均线一般都被定义为短期均线，它们对揭示价格的短期变化较为敏感，但是也正因为过于跟随价格的细微变化，所以时常会发出错误信号，我们把短期均线频繁发出的错误信号称之为"杂波"。短期均线，对于喜好短线交易的投机者来说，就是一个不能舍弃的利器。但是对于中长线趋势投资者来说，过度关注短期均线，往往容易错失趋势所带来的大段利润。

2. 20 日均线

20 日均线是一个介乎于短期均线和中期均线之间的类型，其不急不缓、适度反映价格变化的特点，也最为笔者所重视。笔者认为

20 日均线是一个非常适合判断波段行情变化的均线类型。

3. 30 日均线

30 日均线是一个典型的中期均线，它和 20 日均线相比略显迟缓却长于稳定性，如图 1-20 所示，图中 A 点 20 日均线率先走平、上升，而 30 日均线在 K 线的小幅回落阶段才开始发生转折。

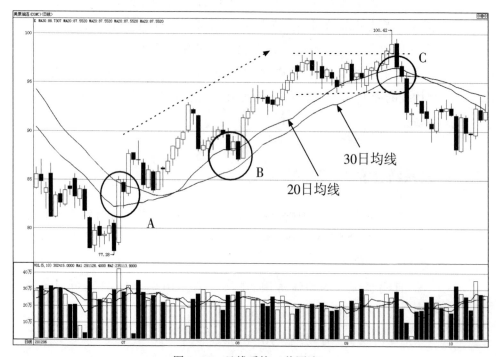

图 1-20　日线系统（美原油）

同样，图中 B 点，K 线一度跌破 20 日均线，虽然跌破 20 日均线不足 3 个交易日，跌幅未超过 3%，不符合有效跌破重要支撑线的条件，但是这种情况可能仍会引起一些短线交易者的恐慌而过早选择卖出。而下方的 30 日均线显示出较强的支撑，表现出稳定性好的优势。

图中 C 点，波段行情结束了，K 线有效跌破 20 日均线，继而也跌破 30 日均线。虽然从时间上看 K 线跌破两条均线的时间相差无几，但是有经验的投资者在 C 点到来之前，就可以从 K 线和 20

日均线的形态上发现一些蛛丝马迹：K 线由前期的上升已经转化为横向移动，而股价重心渐渐向 20 日均线靠拢，在 C 点虽然 K 线有一个上冲并创新高的过程，但是次日长下影的中阴线，已经昭示了 K 线之后的运行方向。由此可见，20 日均线在波段行情的判断上，确实存在一定的优异性。

4. 60 日均线

60 日均线是一个中长期均线，对于行情的趋势性判断有着极其重要的作用。无论是主要趋势，还是次级趋势在判断是否发生转势时，60 日均线都是不可或缺的重要依据和标准。

5. 120 日均线、250 日均线、500 日均线

120 日、250 日、500 日这三条均线都属于长期均线，主要用于对中长期行情进行分析和判断。120 日均线又被称为半年线；250 日均线被称为年线。从平均成本的角度来说，当价格向上越过 120 日均线和 250 日均线时，意味着半年或一年内买入的持仓者已经获利，所以 250 日均线又被视为牛熊分水岭。500 日均线的用法和年线类似，能够起到验证和辅助的功用。

三、周线、月线系统上的均线

对日间交易、短线操作不感兴趣的投资者，大都认为日线系统的时间周期太短，而且容易为市场主力资金所操纵，难以展示出行情真实的运行轨迹，所以大多会选择周线和月线系统来作为研判行情的窗口；同时，也因为某些投资品种的走势在日线上难以得出趋势性的判断，而利用周线和月线系统却能够一目了然地看清全局。

做大趋势才会有大利润。周线和月线系统上的均线等技术分析工具，为投资者发现、分析、判别行情大趋势提供了有利条件。比如，在熊市中利用周线、月线上的均线所呈现的不同形态，可以判别当前行情反弹的性质和级别，也就不会被一些短期反弹所迷惑，对操作策略的制定和风险的防范都十分有益。

1．周线系统

周线系统上的均线常用的有：5 周，10 周，20 周，40 周，60 周，120 周均线等。总之，你所选择的周均线应当能够帮助你有效的辨清行情的运行趋势。

图 1-21 是沪铜的周线系统，图中我们选择的是 5 周、20 周、60 周、120 周均线。A 点 K 线跌破 5 周、20 周均线，在 60 周均线上得到短暂的支撑并回抽 20 周均线，同时 5 周均线向下死叉 20 周均线。对于关注大趋势的投资者来说，这种均线和 K 线的"形"已经是"熊意"十足，那么验证这种"形"是否真实，最好的方法就是看"势"。那么 A 点的"势"能告诉我们什么呢？ K 线跌破 5 周线，也就是说在日线图上已经跌破了 20 日均线，这种下跌尚可以理解为回落整理，但是接下来 K 线又跌破 20 周均线且回抽之后无力收复该均线，这种表现就已经显示出多方已然力竭，"势"，必

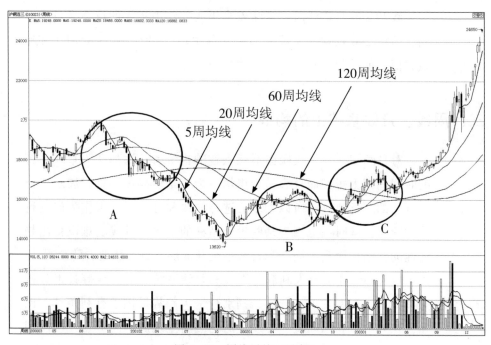

图 1-21　周线系统（沪铜）

然转向空方。之后 K 线跌破了 60 周均线，证明了空方已经成为下一阶段行情的主宰者。当 K 线跌至 120 周均线时，如果你还是一个看多的人，那么你还是一个值得同情的人；如果 K 线在 120 周均线上所做的那个较弱的横盘又让你复燃做多的信心，那么就说明你既看不懂交易的"形"也领会不了交易的"势"。因为一个下跌趋势中横盘的"形"，只能代表像纸一样薄的支撑，而"势"已经不言而喻。

同样，图中 B 点经过长期大幅下跌后，价格出现反弹（在上升趋势确立之前，所有的上涨都视为各级别反弹）。B 点处，K 线站上 60 周均线；5 周、20 周、60 周均线依次金叉，B 点的"形"显示的是多方的有利局面，但是不能忽视 60 周均线和 120 周均线仍旧是下行态势，"势"并没有告诉我们长期转折的存在。B 点对于投资者来说应该是一个静观其变的点位，因为这里虽然不再延续下跌趋势，但是也暂时看不到转折性上涨的到来，无论是看空还是看多，都应该控制好仓位，在大局面处于模棱两可的时候。方向性的错误，带来的必然是灭顶之灾。

图中 C 点，5 周、20 周、60 周均线二次金叉，60 周线由走平转为上升，K 线突破 120 周均线、回落得到支撑，确认了一轮上升趋势的来临。

周线系统上的趋势性变化一旦形成，不会轻易就被改变，无论是上涨还是下跌。

2. 月线系统

月线系统上的均线设置，笔者选用的是 5 月，10 月，20 月，60 月均线。在月线系统上均线的用法和周线类似，例如图 1-22 中 A 点就与图 1-21 中的 A 点有颇多相似的技术含义，这里就不重复讲解了。它们较大的区别在于 60 月线的技术判定上：当一轮下跌趋势形成后，价格第一次跌至 60 月均线时，多数会出现反弹但很少会出现反转，60 月均线这里只是一个驿站，仅供小憩。之后继续跌势是一个大概率事件。这也是下跌趋势中 60 月均线的一个特点。在上涨趋势形成过程中 60 月均线只是起到验证的作用，在一些强势的次级反弹行情中，60 月均线形同虚设，技术分析的意义不大。

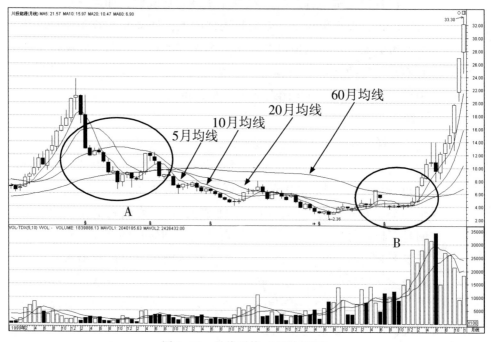

图 1-22　月线系统（川投能源）

判断上涨趋势形成与否的，需要格外关注的是 5 月，10 月，20 月均线。在图 1-22 中 B 点处，当 5 月，10 月，20 月均线形成黏合、向上发散、多头排列时，上涨趋势是无法阻挡的。实战中，大多数情况下无论是向上的反转行情还是次级反弹行情，月线系统上的 5 月、10 月、20 月均线都必然会有所表现。如图1-22 所示，在 5 月、10 月、20 月均线形成聚拢、黏合、向上发散这种形态时，则往往是一轮级别较大的上涨行情。在熊市主趋势背景下发生的次级反弹行情中，5 月和10 月均线几乎都会发生金叉，而 20 月均线和 5 月、10 月均线之间通常也会发生交叉，但这个交叉却往往是升势接近半程或尾声的信号。再如图 1-23 所示，图中 A 点下行的 20 月均线和 5 月、10 月均线发生交叉，这个交叉就发生在整个反弹涨幅接近终了的地方。20 月均线和 5 月、10 月均线交叉，实战中还有一种情况：20 月均线和 5 月、10 月均线在交叉之后保持了强势状态，多头排列向上发散，则可能会出现转折性行情。

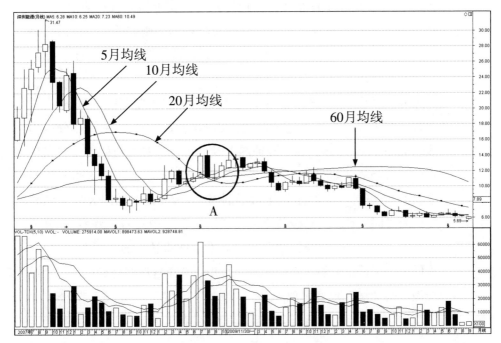

图1-23　月线系统（深圳能源）

四、分钟系统上的均线

　　如果说周线、月线系统是中长线投资者的追逐趋势的广漠空间，那么分钟系统就是短线投机者狙击猎物的微观世界。当然，这只是一个比喻性的说法，分钟系统也并非只是投机者的专利，中长线投资者选择交易时机也往往需要参考分钟系统的指示。

　　分钟系统主要包括：1分钟，3分钟，5分钟，15分钟，30分钟，60分钟等，在不同操作风格的投资者手中，这些时间周期不等的分钟系统发挥着各自的作用。例如，在一个以日间交易为主的短线交易者眼中，1分钟系统上的K线图和均线能够提供大量的交易机会，而对于一个中长线的投资者来说，则不会过于关注像1分钟系统上这些细微的波动。

　　无论是分钟图还是日线图、周线图、月线图，你都可以在均线的帮助下，找到相应的价格运行趋势，而根据价格运行趋势的"形"和"势"进行分析判断，是交易行为的基本法则和前提。你的交易行为如果是建立在"感觉要涨了或感觉要跌了"此种基础上，那么你就是在赌博。

　　分钟系统上的均线，投资者应当根据自己的风格和习惯进行有效设置。在1分钟系统上笔者习惯使用10分钟、20分钟、60分钟均线。如图1-24所示，在1分钟图上我们可以通过相应的均线看出价格的运行趋势，如图中A点和B点：在一个下跌趋势中，K线反弹至下行的60分钟均线附近；当10分钟和20分钟均线随同K线下跌并发生死叉时，往往是短线放空的良机。而在图中C点，观察60分钟均线走平、上升的情况，下跌趋势有发生即将转折的"形"，之后K线做出一个诱空的假跳水后迅速上升并一举穿越近期高点，则一个短线做多的"势"已经出现。

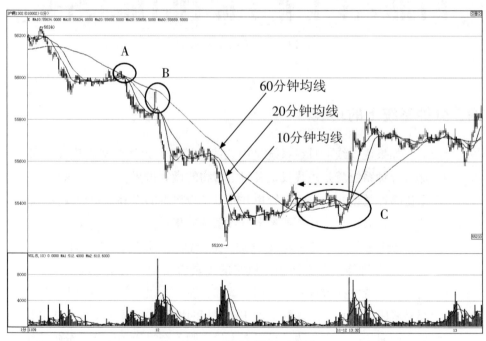

图1-24　1分钟K线图（沪铜）

　　举这个例子，并不是让大家都来做这种并非人人适宜的超短线交易，而是想说明即便是在 1 分钟图上，你也应该"审时度势"做交易。分钟系统均线设置就不一一详述了，你只需要根据能够发现价格运行趋势的原则自行设定即可。总之，1 分钟有1 分钟的"形与势"、5 分钟有 5 分钟的"形与势"，以此类推从细微处到广漠处，如果你发现和判断的"形和势"有一个连贯的、相统一的过程和结论，那么价格的整个运行趋势就会清晰地浮现在你眼前了。

第三节

均线系统的构筑

一、短期均线系统

在运用均线判市的过程中，首先有两个问题要搞明白，其一是均线和价格之间的关系，这点我们已经通过格兰维尔八法以及均线的作用等内容有所了解；其二是不同周期均线之间的配合关系即均线系统的构筑，这点就是本节所要讲述的内容。

不同周期均线之间有很多种搭配方式，投资者可以参考别人的建议，但是最终建立并形成均线系统只能依靠你自己。即使是相同的均线设置，每个人在实战中也会研读出不同的技术含义，别人一目了然的，你未必就能读得懂，因为那是别人的均线系统不是你的。只有亲身从实战中感悟、验证、提炼，并建立和形成属于自己的均线系统，才会对实战有真正的作用和帮助。

均线系统因所采用的均线周期不同，可以分为短期均线系统、中期均线系统、长期均线系统，它们对行情分别起到不同的判别作用。

在短期均线系统上，笔者倾向于采用 3～4 条均线，过多的均线会使盘面过于繁乱，不能起到应有的分析判断作用。短期均线系统的组成上，可以采用多套方案并用的办法，不但有利于对行情的分析与验证，也可以避免单一方案容易出现讹误的弊病。

笔者常用的短期均线系统有：3 日、10 日、30 日均线系统；5 日、20 日、60 日均线系统。下面就讲述这两个短期均线系统在实战中分析和判断上的特性，希望能够给投资者构筑和评判自己的短期均线系统带来一些启发。

1. 3日、10日、30日均线系统

由于短期均线系统具有灵活性和快速反应的特点，所以它较为适用于短期行情的判断。如图1-25所示，图中在一波下跌趋势中，K线在A点出现反弹，反弹的高点触及下行的30日均线便宣告结束，之后K线回落；B点K线再次上涨，这时的30日均线趋于走平，而3日与10日均线金叉，短期均线系统的"形"似乎预示着多方有利！但是接下来的走势，却会让看多的投资者大跌眼镜，K线出现一波极其迅速的下跌。

图1-25 短期均线系统（豆一）

图中B点具有很强的迷惑性，然而分析其中的"势"，还是能够发现其中"造假"的地方：B点的K线反弹并未能有效突破走平的30日均线，其价格高点远远未能收复近在眼前的A点，这些可以看出多方虚造声势的本相；从K线的整体运行的重心来分析，从A点到B点K线整体仍旧处于均线下方作垂落状，不存在任何趋势扭转的迹象。

在实战中类似于 B 点的这种短线反弹非常常见，投资者如果观察到投资品种的整个下跌趋势未曾得到彻底扭转之前，应尽量回避做多。

图中 C 点，K 线出现反弹，3 日和 10 日均线金叉又与走平的 30 日均线金叉，K 线站稳均线上方并与均线系统整体越过前期高点，"形和势"完美地诠释了上涨趋势的形成和开始。对比一下 A 点和 B 点以及与 C 点之间均线表现的差异性，能够帮助你较好地理解和掌握均线系统中各均线之间的配合关系。如在 3 日、10 日、30 日这个均线系统中，3 日和 10 日两条均线能够起到迅速反映 K 线变化的作用，而 30 日均线则对这一变化进行确认。

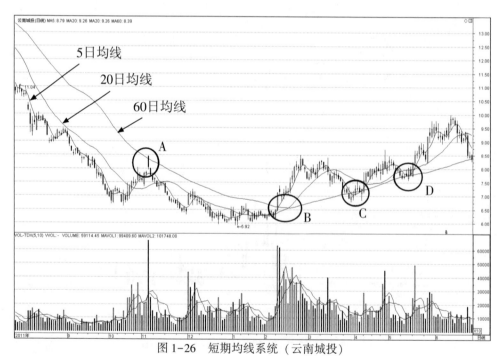

图 1-26 短期均线系统（云南城投）

2. 5 日、20 日、60 日均线系统

这个短期均线系统和 3 日、10 日、30 日均线系统很相似，只是在周期上稍有增加，因此在稳定性上更为突出。如图 1-26 所示，图中 5 日、20 日、60 日均线系统随同 K 线运行于下跌趋势中，K 线大

多数时间都处于 5 日和 20 日均线的压制下。图中 A 点 K 线弹升至下行态势的 60 日均线上，随即引发一波抛售，反弹结束。在一波大的下跌趋势中，K 线第一次反弹至 60 日均线附近，往往是上升波段结束的信号。B 点 5 日和 20 日均线金叉，K 线探底回升，趋于聚拢状的 60 日均线和 5 日、20 日均线金叉后走平、上升，随即整个短期均线系统向上发散并多头排列，至此行情的一波短期上升趋势已经确立。在 C 点和 D 点，K 线先后回试 60 日均线得到支撑，也就意味着短期上升趋势正向中长期趋势演变。

　　在利用这个短期均线系统判市的时候，投资者需要注意 60 日均线的状态，下行状态的 60 日均线无论是否被上涨的 K 线所突破，大都预示着升势已经渐近尾声。如图 1-27 所示，图中 A 点 K 线突破了下行中的 60 日均线，虽然之后 60 日均线开始走平，但是形成死叉的 5 日和 20 日均线向下死叉 60 日均线，而 K 线在之后的回抽中无力站上 60 日均线，也就意味着升势已尽、跌势重来。

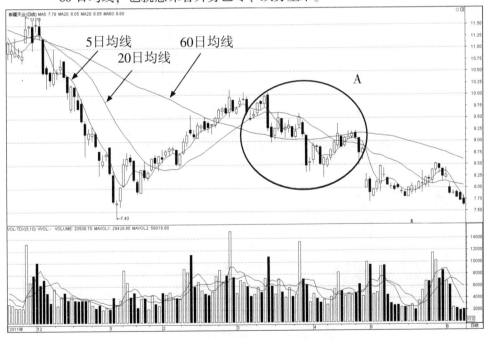

图 1-27　短期均线系统（新疆天业）

二、中期均线系统

短期均线系统存在一个无法弥补的缺憾，就是对于下跌趋势中强劲的反弹行情和上涨趋势中凶悍的下跌回档，无法给出一个可供考量的空间。而中长期均线系统就够解决这个问题。笔者常用的中期均线系统为：30 日、60 日、120 日均线。

中期均线系统相比短期均线系统其在稳定性上有着明显的优势，投资者可以利用中期均线系统的这一特点，对相关的行情进行波段性操作。如图 1-28 所示，图中买入做多的投资者可以关注中期均线系统在行情发展中的状态来确定自己的持仓策略。通常来说，投资者采用中期均线系统作为自己的交易标尺后，则不必过于关注价格的短期波动，只要价格 K 线运行于 30 日和 60 日均线之上，便大胆持仓；而

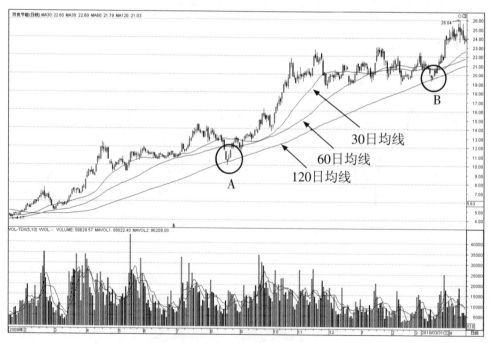

图 1-28　中期均线系统（双良节能）

当价格出现回落时，只要不有效跌破 120 日均线，仍旧持有，如图中 A 点和 B 点。

　　当然，在这个过程中投资者必须密切关注 K 线以及均线系统之间的"形和势"，有时候即便仍旧存有上涨的"形"，"势"却已经显示出即将开始下跌，投资者就应该及时做出交易决策，而不能等到"形与势"相统一、相吻合后，到那时就已经失去了最佳的清仓良机。

　　如图 1-29 所示，图中在中期均线系统的支撑下 K 线保持着上升趋势，A 点 K 线发生大幅震荡，30 日死叉 60 日均线，尽管 K 线跌穿 120 日均线后又予以收复，但是整个 K 线和均线系统的重心已经出现下移的状态，这时候投资者就应当放弃继续看多、做多，而不一定非要等到价格开始跳水走势之际，才加入清仓的队伍。

图 1-29　中期均线系统（欧元美元）

三、长期均线系统

短期均线系统在对短期行情或行情关键转折点的侦判上有着良好的实战价值，中期均线系统则是波段操作、确定持仓和交易时点的利器，而长期均线系统的优越性主要体现在趋势性和其所展示出的大局上。

长期均线系统可以帮助你更好地发现趋势、判断趋势是否持续以及让你对面临的局面有一个清晰的、全面的认识。但是有一点必须注意，长期均线系统并不是一个能够帮助你选择具体交易时机的系统，如果你依照长期均线系统确立自己的交易细节，你可能会失去最佳的交易时机。在选择交易时机和时点上，短期均线系统和中期均线系统应该有更优越的表现。

常见的长期均线系统的三条均线分别为：120 日、250 日、500 日均线或者 60 日、120 日、250 日。下面以 120 日、250 日、500 日均线系统为例，结合案例简要分析：

如图 1-30 所示，图中 A 点显示的是一轮波澜壮阔牛市的上升趋势，下方依次排列的是 120 日、250 日、500 日均线。我们可以看到在 K 线的上升趋势保持期间，长期均线系统多头排列且向上缓慢运行，K 线和均线系统之间的"形和势"完美契合。图中 B 点，牛市已逝，行情呈现出熊市的下跌趋势，长期均线系统的各条均线开始渐次出现回落、死叉、走平，也就佐证了一轮下跌趋势正处于行进之中。

之所以说投资者不宜用长期均线系统来确定交易时机，是缘于这个系统滞后性的缺憾。如图中 C 点和 D 点，如果一个投资者把跌破长期均线系统的支撑作为交易的依据，那么图中最高点是 57 元，而跌破 120 日均线时价格为 40 元左右，120 日均线死叉 250 日均线之日的价格为 35 元，都已经远离 50 元左右的高点区域，这时候才去清仓明显会造成较大的损失。

长期均线系统不是一个适宜确定交易时机的系统，它的用处在于

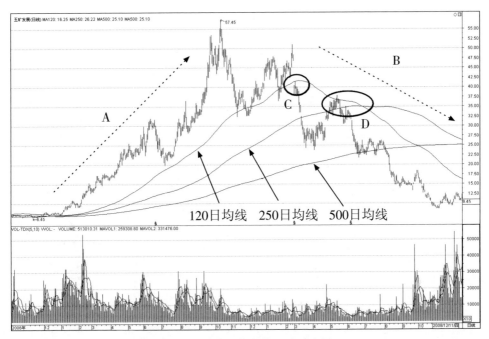

图 1-30 长期均线系统（五矿发展）

确定大趋势及大趋势的转折判断上。短中期均线系统也具备发现趋势性的特性，虽然在趋势级别上有区别，但正有利于弥补长期均线系统滞后性的弱点。

　　长期均线系统的这种能够展示行情大趋势的特性，可以让我们更为清晰俯瞰全局、制定更适应市场运行规律的投资策略。例如在一轮大的（主要的）下跌趋势中，大多数时候我们的交易策略是空仓等待或者参与做空；对于期间发生的短、中期反弹，则应以短线或波段性的交易策略为之，而不能采取与下跌大趋势相逆反的投资策略。再如在一轮下跌趋势为主导的熊市行情正如火如荼之际，你选择长线看多并立即持仓的策略，仅仅从资金成本上考虑也是不适宜的，更何况你将面临持仓后因市况不佳所造成的资金总额大幅缩水的严酷考验，能否坚持到盈利那一天的到来还是一个疑问。

第二章　移动平均线的形态分析

均线形态，其实就是均线在实战中的"形与势"。"形与势"相互依存，却往往并不统一，有时候甚至是大相径庭。究其根本原因，就在于投资中的博弈性和利益的排他性。就像孙子兵法中所言及的"兵者，诡道也。故能而示之不能，用而示之不用，近而示之远，远而示之近"。基于此，我们要讲的移动平均线的形态，是指均线静态的"形"和动态的"势"。孙子曰："势者，因利而制权也。"理解和应用均线的形态亦当如此。

第一节

交　叉

一、均线交叉

均线之间发生的交叉，是均线最常见的形态之一。从成本的角度来说，近期成本总是比远期成本能够更快对当前价格的变化做出反应，这就是均线发生交叉的原因。基于此，均线交叉理论上蕴含着价格转折的含义，但是实战中大多数均线的交叉却并不必然出现这种转折性的结果。原因就在于投资博弈性的本质及人为操纵的复杂性表现，这也是道氏理论的假设之一，越是短期的均线交叉越是容易被控制。

大部分的均线交叉，并不具备市场趋势性的含义，只是一个很普通的交叉形态而已。如图 2-1 所示，图中 A 点 5 日均线向上交叉 20 日均线，但是之后 K 线却不涨反跌；B 点 5 日均线向下交叉 20 日均线，K 线却由此见底回升；C 点 5 日均线向上交叉 60 日均线，K 线见到高点开始回落。

通过对图 2-1 的分析，我们可以看到均线之间的大部分交叉只是一个普通交叉，并不具备市场趋势性转折的提示作用。投资者不能见到均线交叉，就认为价格必然会出现上涨或者下跌，当一个上涨或者下跌的"形"出现了，还要分析同时出现的"势"是否与之相契合。"形与势"并不契合的就是普通交叉，"形与势"出现统一并促进趋势转折的，就是我们下面要讲述的金叉和死叉。

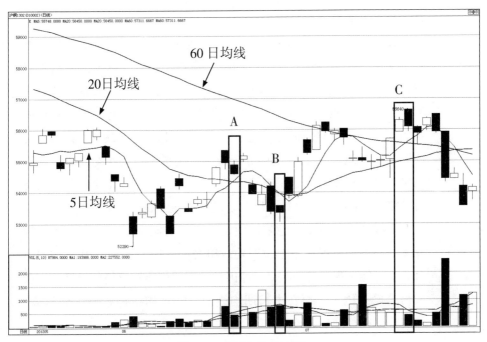

图 2-1　普通交叉（沪铜）

二、均线金叉

　　均线金叉，是指近期均线向上交叉远期均线，如 5 日均线向上交叉 10 日或 20 日均线等。金叉往往预示着趋向的转折。

　　均线之间的金叉和普通交叉相比具有以下特点：

　　①发生金叉的两条均线方向都是向上或走平；

　　②向上金叉的角度越陡直，信号越真实；

　　③金叉预示着下跌趋向可能发生转折；

　　④短周期均线之间的金叉，稳定性和趋势性不如长周期均线之间的金叉。

　　金叉的出现并不意味着价格必然大涨，尤其是短期均线之间往往会较为频繁地发出金叉或死叉提示，所以在分析和判断均线的金叉形态时，应更多地关注周期较长的均线之间的表现以及金叉的"形"在，是否上涨的"势"也在。

如图 2-2 所示，图中 A 点 5 日均线和 20 日均线在上升状态下发生交叉，即为一个较为标准的金叉形态。"形"有了，那么我们再来看看"势"，图中 5 日均线从前期的下行、死叉态势中迅速转为上升，多方能在极短的时间内扭转颓势，说明之前并不是真正的走弱而是一个诱空的诡计，之后劲升的 5 日均线与 20 日均线金叉，证明了这一点。20 日均线则处于走平、缓缓上行的状态，意味着市场平均持仓成本在平稳上升中。由此可见，A 点两线的向上交叉有着价格上涨的基础，"势与形"还是相符统一的。

实战中投资者要注意：即便是一个"势与形"一致的金叉或者死叉，如果是出现在一个短期均线组合中，比如 5 日、10 日均线组合，也可能出现逆反的结果。原因在于短期均线对价格的过度反应和人为的操纵因素。而在中长期均线上，一旦均线形态的"形与势"相契合，往往准确性较高。

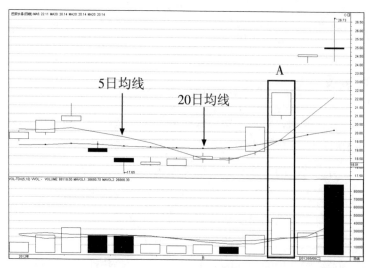

图 2-2　均线金叉（巴安水务）

三、均线死叉

均线死叉，是指近期均线向下交叉远期均线，如 5 日均线向下交叉 10 日或 20 日均线等。均线之间的死叉有以下特点：

①发生死叉的两条均线的方向都是向下或走平；

②向下交叉的角度越陡直，信号越真实；

③死叉预示着上涨趋势可能暂时告一段落；

④短周期均线之间的死叉，稳定性和趋势性不如长周期均线之间的死叉。

如图 2-3 所示，图中 5 日均线由上升到走平再到下跌，直至和 20 日均线发生死叉；而 20 日均线也是同样的一个过程，只不过其表现相较 5 日均线要平缓很多。图中 A 点，两条均线在下跌态势中发生死叉，之后 K 线迅速开始下跌。

在实战中，5 日均线和 20 日均线相隔有一定的距离和空间，当 5 日均线下行并与 20 日均线死叉后，K 线并不像图 2-3 中那样迅速下跌，而是返身回抽 5 日均线之后才开始一轮跌势。如图 2-4 所示，图

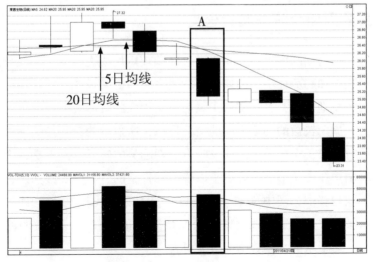

图 2-3　均线死叉 1（莱茵生物）

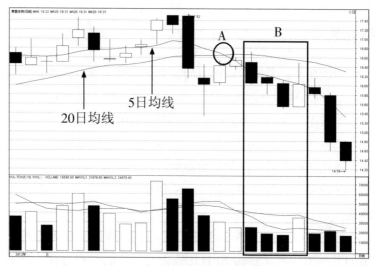

图 2-4 均线死叉 2（莱茵生物）

中 A 点均线死叉，B 点 K 线多次回抽 5 日和 20 日均线。死叉的"形与势"变化较多，投资者如果按图索骥，往往既不得其形，也难懂其势。

四、交叉的周期分析与实战含义

在前面的内容里，我们讲过周期较短均线之间的金叉或死叉，其稳定性和趋势性不如周期较长均线之间的金叉或死叉，这一点需要投资者特别重视，也是实战中灵活应用均线的具体表现。

周期较短的均线之间的交叉形态，所显示的必然是短期内价格的运行趋势，至于是否会涉及到中长期趋势的转折，则不是一个简单的短期均线交叉形态就可以予以确认和肯定的。如图 2-5 所示，在一个下跌趋势中，图中 A 点、B 点和 C 点 5 日均线和 10 日均线先后出现金叉，但是短期均线之间的金叉所带来的仅仅是一波微弱的反弹走势，对下跌的大趋势毫无改观可言。

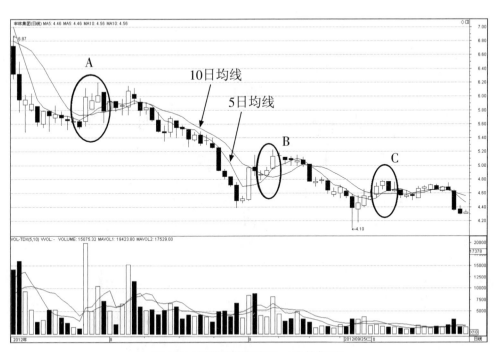

图 2-5　短期均线的交叉（丰林集团）

中长期均线所发生的交叉，所蕴含的市场意义与短期均线则有所不同。在第一章中，我们分别讲述过短、中、长期均线系统及其不同的市场含义，中、长期均线注重于对市场行情运行趋势的判断，所以在中、长期均线之间发生的交叉，往往能在一定程度上显示出市场行情的运行趋势和目前所处的阶段。如图 2-6 所示，图中 30 日均线和 60 日均线于 A 点发生死叉，这个死叉的出现预示着行情正式进入到下跌趋势中；B 点两条均线发生金叉，而这个金叉也验证了至少是一波中级行情的到来。

　　均线交叉的周期性含义，对于投资者选择投资标的和采取相应的策略有着重要的意义。无论是短期均线的交叉还是中、长期均线的交叉，在分析周期性影响的同时，也要辨清我们一直强调的"形与势"的关系，剔除其间的陷阱与骗线也是实战中的一项重要任务。

图 2-6　中期均线的交叉（美原油）

第二节

价托与价压

一、价托的概念与实战应用

价托，是指经过一轮跌势过后，三条均线在低位回升过程中先后发生金叉，从而形成了一个封闭的三角形空间。价托的出现，说明市场经过一段时间的酝酿，已经积蓄了足够的向上攻击的动能，而均线系统构筑的对价格的支撑体系也已初步成形。

均线的价托形态比交叉形态所发出的提示作用要强烈，即在上涨趋势中价托对价格的支撑力度远大于一个同周期均线之间简单的金叉。

如图2-7所示，图中所采用的是5日、20日、60日短期均线系统。在一轮跌势结束后，图中A点三条均线相继发生金叉，形成一个封闭三角形，即为价托。图中可见，价托形成后K线依托5日均线迅速向上发起攻击。一般来说，即便在主要趋势为下跌的行情背景下，一波中级反弹行情在出现价托的支撑后，大多会有20%以上的上行空间。

二、价压的概念与实战应用

价压，是指在一轮上涨行情过后，三条均线自高位回落过程中先后发生死叉，从而形成了一个封闭的三角形空间。价压的出现，说明市场经过一段时间的上涨，已经累积了较浓厚的做空欲望，而均线系统构筑的对价格的压制形态必然会在之后的行情中有所体现。

均线的价压形态同样也比交叉形态所发出的提示作用要强烈，在

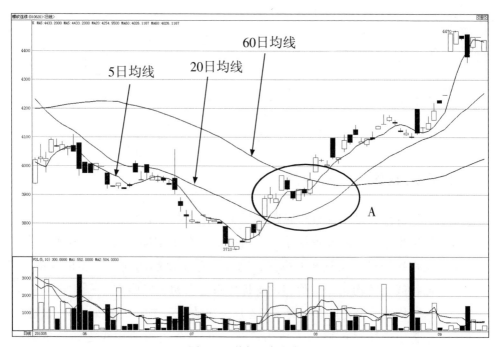

图 2-7   价托（螺纹钢）

下跌趋势中价压对价格的压制远大于一个同周期均线之间简单的死叉。

图 2-8 中，三条均线相继发生死叉，在 A 点形成了价压。在下跌趋势的初期所形成的价压，就像是一个红灯信号，意味着买进做多到了需要停歇的阶段。但是很多由短期均线系统所形成的价压，有时候会出现骗线。而如图中所采用的 5 日、20 日、60 日短期均线系统，则相对稳定性较好，因为这个系统中均线跨度较大，有利于过滤掉很多"杂波"。

实战中很多投资品种在出现价压之后，价格随即出现反弹并触及或穿越价压腹地，这种走势对投资者的看盘功夫是种考验，对于后市的运行趋势投资者容易产生困惑。

其实通过"形与势"的分析，还是能够看清其中价格潜在的运行轨迹的。价压出现后，如果均线系统中较长周线的均线仍旧处于上行状态，则出现价格反弹并触及或穿越价压腹地这种走势的可能性极

图 2-8　价压（股指期货）

大。在之后的时间里，均线系统中其他周期较短的均线如能扭转下行态势而转为上行，那么所谓的价压就是一个诱空的骗线；而如果短期均线和价格却表现得孱弱无力的话，那么价压必将发挥出应有的威力，反弹结束后将继续下跌。如图 2-9 所示，图中 A 点三条均线形成价压后，K 线发生反弹并一度穿越到价压的腹地，但随着 5 日、20日均线孱弱的表现，K 线结束反弹继续下跌。

价压的这种情况，其主要原因在于均线系统中两条周期较短的均线和周期较长的均线之间，并不是真正的死叉而是一个普通交叉。长周期均线仍旧保持上行而与下行的短周期均线发生交叉，由此所形成的这个并不确定的价压存在逆转的可能性。所以针对这种价压的"形"，需要看"势"而定。

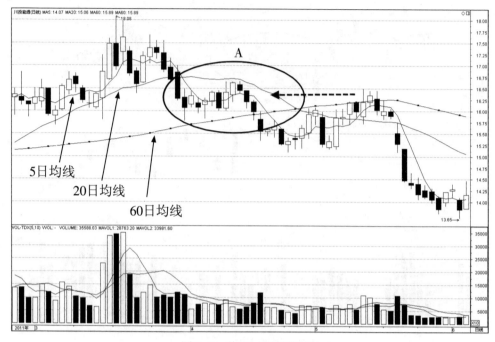

5日均线

20日均线

60日均线

图 2-9　价压（川投能源）

第三节

黏　合

一、从汹涌到平静——均线黏合的市场意义

　　均线代表的是市场在某一周期内的平均持仓成本。当行情经过长时间的震荡盘整后，在某个时间及区域内，长、中、短期均线数值渐趋于接近，也就是说市场多个不同周期的平均成本都汇聚在某一个价位附近，这种均线形态即为黏合。从技术方面来讲，均线黏合的支撑和压制作用都是非常明显的，它的出现意味着市场行情已经走到了必须做出方向性抉择的关口。

　　在一轮以上涨或下跌为主要趋势的行情中，不同周期的均线在上升或下跌过程中相互之间保持着一定的距离，显示出不同周期持仓成本对目前价格的支撑或压制作用。这个阶段的均线就像是从上向下奔流的洪水，汹涌澎湃、浩浩滔天，其对当前行情的运行趋势有着较大的促进和增益。无论是上涨还是下跌，无论是主要趋势还是短期趋势，总有停歇和终了的时候。在一个方向上的过度表现之后，行情和均线都会归于相对的平缓运行期。当这个平静期保持足够长时间之后，市场的平均成本越来越多地汇聚于此。这个阶段，价格的方向选择将会牵动市场投资者脆弱而又敏感的神经，所以在大多数情况下均线告别黏合状态之初会遭遇反方向阻力，而当价格突破这层阻力之后，随之而来的将会是跟随价格行进方向的助力。

　　综上所述，均线黏合意味着市场行情已由单一方向的运行转入震荡并将重新选择运行方向的阶段。在均线黏合的过程中，越多的中长期均线加入到黏合中、黏合过程维持的时间越长，则之后选择逆向突

破的可能性越大。

如图 2-10 所示，图中 A 点是 5 日、10 日、20 日、60 日、120日、250 日均线在大跌之后的价格低位区域发生黏合的整个过程，这个过程大约维持了 1 年的时间。在短期、中期、长期均线发生黏合时，并不意味着价格就必然龟缩不动，图中可见在黏合期间价格出现多次急速反弹，虽然这类反弹来去匆匆，但是却对调适均线系统逐步形成多头排列起到重要的作用。

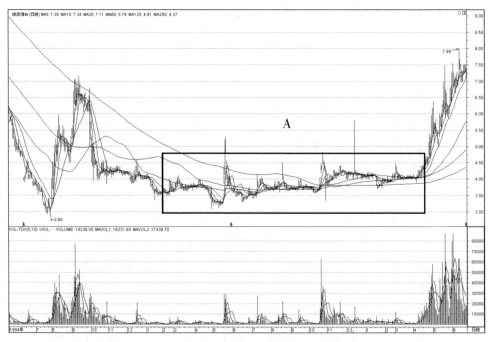

图 2-10　低位黏合（深赤湾 A）

而在图 2-11 中 A 点所示是 5 日、10 日、20 日、60 日、120 日、250 日均线在价格高位区域发生黏合的整个过程。无论是价格高位还是低位，均线黏合过程结束后选择方向突破时，往往都具有极强的冲击力。

图 2-11　高位黏合（陕西金叶）

二、聚拢与黏合技术上的区别

　　有长期均线加入的均线黏合形态往往都需要一个较长的形成和维持期间，所以这种情况并不常见，在实战中较多出现的是均线之间的聚拢形态。

　　均线聚拢，即多个周期的均线在某一价位附近汇聚，之后价格重新选择方向；而黏合，则是多个周期的均线相互缠绕，运行于一个高点和低点相对平行的箱体空间内。

　　聚拢形态可以发展成为黏合形态或者直接成为转势形态，而中短期均线黏合形态也可以转化为聚拢形态。从技术分析的角度来说，聚拢形态相比黏合形态在稳定性和可信度上稍有欠缺，尤其是短期均线之间的聚拢更是频繁出现，其对行情分析与判断的参考意义不大。一般来说，有中长期均线加入的聚拢形态在技术分析上的作用更为明显。

　　如图 2-12 所示，图中 A 点就是一个短期、中期、长期均线发生
聚拢的位置。如果我们剔除其中的 250 日均线，那么在图中 B 点就是
一个中短期均线的黏合形态，这个黏合状态存在 3 个月左右的时间。
从时间周期上来说，B 点的黏合并不是一个稳定的形态，因而其可信
度也存在折扣。虽然之后价格确实出现了上涨，但是在实战中仅凭 B
点的黏合形态不能确立行情必然转势。A 点 250 日长期均线和中短期
均线聚拢随之改变下跌趋势转而上行，这种有长期、中期均线加入的
均线聚拢形态，实战中的参考意义更为重要。

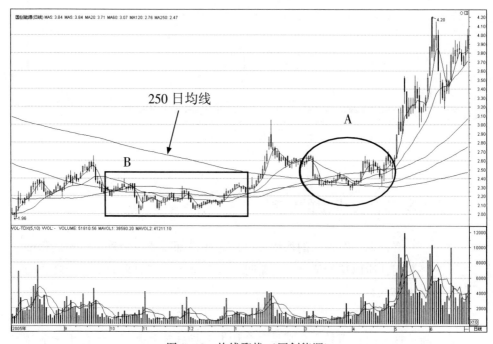

图 2-12　均线聚拢（国创能源）

三、均线黏合的周期分析与实战判别

　　均线黏合并不是一个意味着行情必然逆转的形态，尤其是中短期
均线之间的黏合。在主要趋势为上涨或者下跌的市场中，中短期均线

时常会发生黏合，但是最终方向选择往往仍旧为主要趋势的运行方向，这种黏合只是主要趋势运行中的一种横盘走势。如图 2-13 所示，图中 A 点在主要下跌趋势中，类似于这种中短期均线的黏合并不具备改变大趋势的能力，黏合结束后往往继续原来的下跌趋势。

图 2-13　中短期均线的黏合（太极实业）

值得投资者重点关注的均线黏合形态，应该具备以下三个条件：

①有中长期均线加入；

②黏合过程不少于 6 个月；

③前期有过大幅且长期的下跌或上涨的过程。

具备以上三个条件的均线黏合形态，在黏合过程结束发生逆势突破的可能性极大。

在均线黏合的判断上，我们重点关注的对象就是存在中长期均线加入的黏合形态，同时可以通过周线、月线系统来发现、验证这些黏合是否具有方向性的逆转。

如图 2-14 所示，图中 A 点是周线系统上多条均线所形成的黏合，这个黏合的过程约 7 个月的时间。在这个黏合发生之前，该投资标的经过了大幅的下跌和一段时间的盘整，同时周线系统上均线本身就比日线的稳定性要好，出现黏合形态后往往可信度较高，黏合过程结束后价格的上涨则是大概率事件。

图 2-14　周线系统上均线的黏合（新疆城建）

　　如图 2-15 所示，图中 A 点是月线系统上均线的黏合形态，这个黏合的过程约 17 个月的时间。一般来说在月线系统上出现如此长时间的黏合形态，其沉淀的上涨或下跌的欲望必然非常强烈，一旦方向性选择确立其爆发力便非常惊人。

　　均线的黏合只是"形"，黏合后的方向性选择仍旧需要关注"势"的表现。如前述的图 2-13，在一个主要下跌趋势尚未完全完结前，如果投资者仅凭短期均线之间出现黏合的"形"就主观地判断趋势将发生逆转，则失之偏颇。在图 2-13 中 A 点的黏合区域，K 线、均线、成交量无一能够提供足够证明下跌趋势将被扭转的"势"的存在。之所以强调中长期均线加入均线黏合形态中有重要的作用，就在于中长期均线对市场行情的"势"有一定的反映，有利于我们更好地发现均线"形与势"的统一。

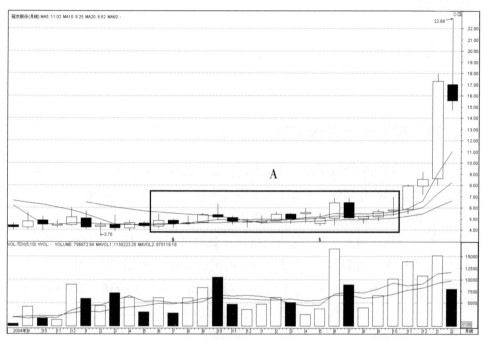

图 2-15 月线系统上均线的黏合（冠农股份）

第四节

发　散

一、向上发散——多头排列

均线黏合或聚拢过程结束后，就必然有一个方向性的选择，而这个选择所伴随的突破就会带来均线的另一种形态——发散。均线的发散形态包括向上发散和向下发散。

均线向上发散，是指均线结束黏合或聚拢过程后选择向上突破，各周期均线渐次转而向上。随着时间的延伸，均线按照周期由上而下依次排列，例如5日、10日、20日、30日等依次排列，即形成多头排列。均线由向上发散到多头排列，意味着多方即将或已经发起了向上的攻击。

如图2-16所示，图中A点处该投资标的在结束了黏合形态后选择向上突破，各周期均线开始上行并逐渐形成多头排列的形态。

均线的向上发散和多头排列对于价格的支撑作用是极其强劲的，尤其是刚刚走出黏合形态的一些品种，往往都具有极强的爆发力。投资者对于出现均线向上发散和一直保持多头排列的投资品种可以采取持仓的策略，直至价格和均线多头排列的形态出现变化，再去参考其他技术分析手段决定仓位的去留。

二、向下发散——空头排列

均线向下发散，是指均线结束黏合或聚拢过程后选择向下突破，各周期均线渐次转而向下。随着时间的延伸，均线按照周期由上而下

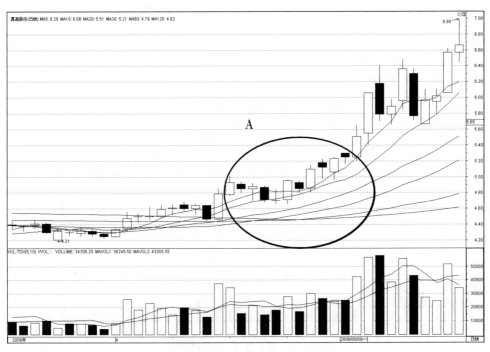

图 2-16　向上发散（莫高股份）

依次排列，例如 30 日、20 日、10 日、5 日等依次排列，即形成空头排列。均线向下发散到空头排列，意味着空方即将或已经发起了下跌的浪潮。

如图 2-17 所示，图中 A 点在黏合或者聚拢形态结束后，均线开始向下发散并形成空头排列。图中可见在空头排列均线形态的压制下，该投资品种很难出现较强的向上攻击。实战中，当投资品种的均线刚刚出现向下发散、空头排列时，做空或者空仓等待则是较佳的操作原则。在均线的这种形态下，投资者依据短期的价格波动盲目做多或抢反弹则无异于虎口夺食。选择做多时机至少应该在均线系统整体告别向下发散的空头排列形态之后。

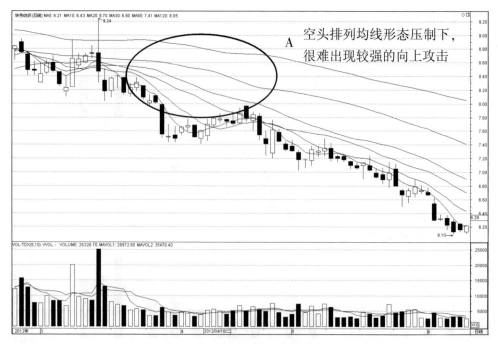

图 2-17　向下发散（华芳纺织）

三、发散的周期分析与实战判别

　　不同周期的均线系统对行情具有不同的揭示深度，对于均线的形态来说也是如此。

　　短期均线系统所发生的发散和多头排列或空头排列，说明至少在短期内价格具备上涨或者下跌的动力。中期均线系统所发生的发散和多头排列或空头排列，说明投资标的正处于一波中级上涨或下跌行情中，投资者可根据自己的资金和交易水平，在相关行情中波段操作。

　　长期均线系统所发生的发散和多头排列或空头排列，只有在牛市或者熊市以及强度较大的次级行情中才会出现这种形态。长期均线系统的形态，可以帮助投资者确立自己的投资策略。例如，长期均线系统处于空头排列形态，则市场必然处于下跌趋势中，此时的投资策略就应当以做空或空仓等待为主，同时对下跌趋势中发生的中级反弹行情本着控制仓位、见好就收的原则而为之。

周期性分析还包括在周线系统和月线系统上的均线形态分析，周线系统和月线系统对均线的长期形态有着更为重要的提示作用。

如图 2-18 所示，图中 A 点是该投资品种周线系统上各条均线所发生的向上发散和多头排列。周线系统上的多空提示应该说基本上都是关乎行情长期趋势，而且基于周线系统的稳定性，一旦发出相关的多空形态信号，往往都具有极高的准确性。

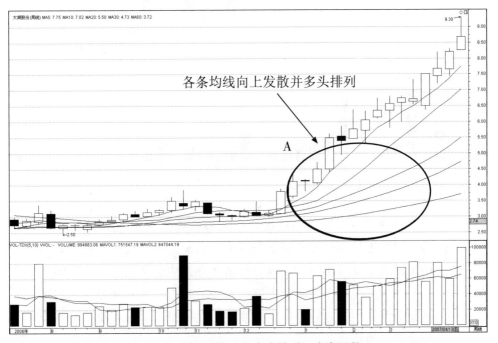

图 2-18　周线系统上的多头排列（大湖股份）

月线系统的作用和周线系统很类似，只是更具有稳定性的优势。如图 2-19 所示，图中 A 点在月线系统上的均线发生向下发散和空头排列，则就意味着价格短期内不存在逆转趋势的可能性，同时在此期间大多数的上涨只能是一个低级别的反弹行情。投资者如果参与此类反弹行情的话，以相关均线为参照制定自己的短期交易计划，不可有过高的盈利预期，也不可因有盈利就头脑发热地放弃短期交易计划转而过分高估行情。

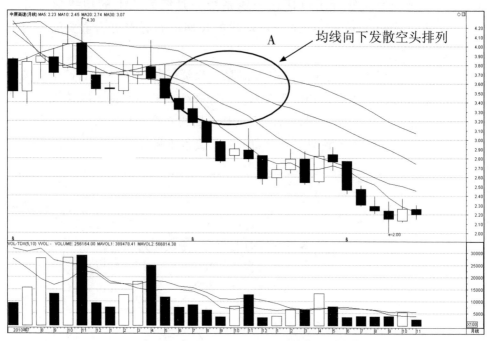

图 2-19　月线系统上的空头排列（中原高速）

　　投资者运用周线、月线系统能够清晰地分辨出行情的运行趋势，也能够让自己的头脑更为清醒，不至于为日线上一些颇具力度的上涨或下跌所迷惑，误以为行情正在发生趋势性改变。同时，周线、月线系统对于投资者把握大趋势的拐点也大有裨益，大趋势或者说行情的主要趋势是否发生改变，在周线、月线系统上必然会有所体现。也许有的投资者会认为行情的方向在周线、月线系统上体现出改变时，往往已经远离最低点和最高点，这时已不是最佳的交易点位。如果你是一名稳健的中长线投资者，那么只有当趋势的改变真正发生时才是最佳的交易点。

　　周期性分析的重要性，就在于这种分析能够帮助你先看清大局，厘清其中的风险和利润，帮助投资者做到收放自如，趋吉避凶。

第五节

均线的七种实战形态

一、单均线暴升、暴跌形态

前面我们讲述了均线的一些典型形态，例如：交叉、价托、价压、黏合、发散等，这些典型形态是均线形态分析的基础，掌握好这些内容是理解和应用均线判市必备条件。在实战中，有些典型形态会出现一些变形，不会都按照标准的形态出现，但是从"势"的角度，你依然可以充分地了解这些"形"变之后的市场含义；同时，均线在实战中的形态更非几个典型形态就可以全部涵盖的，一些更具即时变化的形态也需要投资者仔细揣摩和斟酌。

市场无论是上涨还是下跌，均线系统中周期最短的那条均线总是对价格的变化最为敏感，而这条均线和价格之间以及和整个均线系统之间的形态和关系也是我们判市的依据之一。如图 2-20 所示，图中 A 点 5 日均线开始迅速向上运行，20 日均线和 60 日均线、120日均线缓缓随行。至 B 点时，K 线改变之前依托 5 日均线上行的速率，骤然跳升远离 5 日均线；在 B 点 5 日均线和整个均线系统已经存在不小的距离，即便是最近的 20 日均线也和其有着较大的空间。

通常来说，在上升趋势维持期间之后，各周期均线保持一定的距离是一种良性的均线形态，而短期均线霍然离群飙升，则意味着至少一个短期拐点即将出现，而如果这时 K 线骤然向上跳离 5 日均线，多被视为拐点的启动处。正如图 2-20 中 B 点 K 线和 5 日线的离群飙升，带来的是一波同样迅疾的下跌。

单均线远离均线系统且过快地跟随价格上升，一旦出现价格跳离这条均线的形态时，大部分情况下都存在一个中短期做空的良机。均线和价格之间以及均线之间的这种关系或形态，是受到乖离率的制约和影响的，过大的乖离率，无论正负都必然预示着价格及均线接近极限并可能发生转向。

单均线暴跌的形态和单均线暴涨相同只是方向有别，含义相逆罢了，在此不再举例说明。

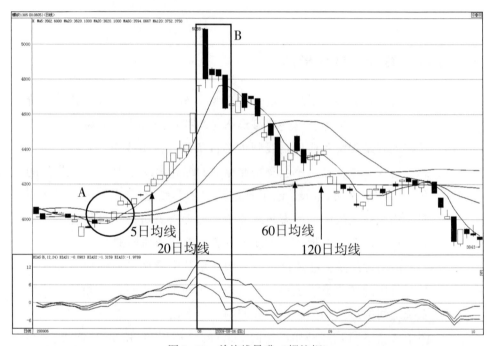

图 2-20　单均线暴升（螺纹钢）

二、均线之间的相逆形态

所谓均线之间的相逆形态，是指在上涨或下跌趋势中，短期均线的行进方向和中、长期均线的方向相反。相逆形态所反映的是不同周期的均线之间与价格之间的作用与反作用。

在一个主要趋势为上涨或下跌的市场中，短期均线与中、长期均线之间会多次发生相逆形态，这种形态源自价格的波动本质。通常来说，这些相逆形态是一轮长期上涨或下跌行情中必然具备的震荡和整理过程，不具备相逆形态的上涨或下跌趋势不可能是一个长期的和主要的趋势。

如图 2-21 所示，图中 60 日、120 日、250 日均线都保持多头排列的形态，显示当前市场的主要趋势为上涨。图中 A 点，5 日、20 日均线死叉后向下运行和主要趋势呈现相逆的形态；主要上涨趋势中的这种相逆形态，在期货、外汇、股票等投资品种上普遍存在，它所蕴含的市场意义大多数时候都在于清理盘面和积蓄进一步上行的动能。

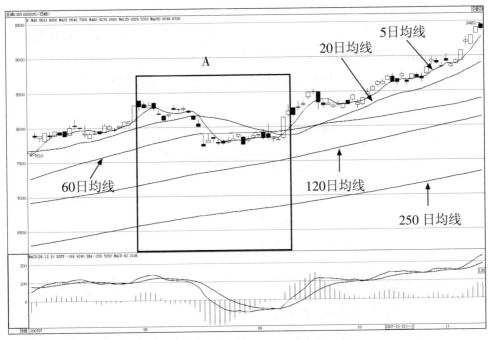

图 2-21 相逆形态（豆油期货）

但是，并不是所有的相逆形态都意味着趋势继续，市场行情的拐点也是由相逆形态率先构筑的。区别相逆形态是意在构筑拐点还是继续原来的趋势，关键点还在于我们一直强调的"形与势"。例如，在图 2-21 中 A 点，5 日、20 日均线的相逆形态终结于 60 日均线附近，随后继续原有上涨趋势，这种相逆形态终结于中、长期均线附近的"势"，说明下档的支撑依然强劲，回升即将出现。而在行情重大拐点的阶段出现的相逆形态，中、长期均线的所谓支撑往往薄如纸一捅即破，或者短期均线和价格凝滞于此积重难返。同样是相逆的"形"，"势"却有别，则结果迥异。在主要下跌趋势中出现的相逆形态，理亦同此，只是方向有别，不再赘述。

三、均线横盘形态

说到均线横盘形态，可能很多人首先想到均线黏合和聚拢形态，前面我们讲过均线黏合和聚拢的特性，而且在笔者的理论中这两种形态最突出的一点就是——必须有中长期均线的加入才具备趋势性判市作用。现在我们要讲的是排除均线黏合和聚拢形态之外的均线横盘形态，这种由中短期均线构成的横盘形态，在实战中更为常见和广泛存在。

由中短期均线构成的横盘形态，多出现在主要趋势运行的途中，它的出现及存在和均线相逆形态的市场含义很类似，都属于行情趋势的中继形态，很少会出现扭转原有趋势的情况。横盘形态和相逆形态的主要区别：相逆形态的维持周期相对较短，而横盘形态周期相对较长；相逆形态有明显的逆反方向，而横盘形态有时并不具备明确的方向，所以其迷惑性更大；相逆形态可以转化为横盘形态，横盘形态则包括多个相逆形态。

如图2-22所示，在一轮下跌过后，图中A点5日、20日、60日均线呈现横向波动，这种横盘走势类似于均线黏合形态，往往会给投资者带来价格见底并即将回升的错觉。但是如果我们加入250日长期均线就可以发现，长期均线仍如天外飞仙、难以企及。

这种由中短期均线构成的均线横盘形态，最不具有操作性，投资者对待这种形态无论是做多还是做空都需要等待横盘趋势的终了再做定夺。

图 2-22　均线横盘（光大证券）

四、均线关口突破形态

　　无论是在上涨还是在下跌趋势中，价格的波动总会在某一条均线上得到支撑或受到压制，当价格能够真正突破并成功击穿这条均线的支撑或压制作用时，则意味着之前的运行趋势将可能发生重大的变化。我们把这条起到支撑或压制作用的均线称为均线关口，关口的存在则意味着趋势的维持，关口的失守则说明趋势可能即将发生改变。

　　如图 2-23 所示，图中 K 线在一波跌势中受到 20 日均线的压制，至 A 点时 K 线穿越 20 日均线；随后 5 日均线和 20 日均线发生金叉，K 线由此得到 5 日均线的良好支撑，此时的 20 日均线关口形态就已经被成功突破。

　　突破的判定标准，传统理论认为要具备 3% 以上的空间和 3 个交易日，笔者认为突破成功与否的判定标准应该是：从压制状态发生突破之后，必须具备之后的价格运行受到支撑这个条件；而从支撑状态发生突破之后，必须具备之后的价格运行受到压制这个条件。这也是笔者在"形与势"理论中一再提及，"势"在判市中具有决定性作用的实战含义。关口的突破并不仅是一个形式，而是必须具备突破之后转化的"势"，没有这个"势"，突破必然是虚假的。

20日均线

图2-23 关口突破（白糖期货）

通常来说，关口突破形态要求被突破的均线应当顺应突破的运行方向。例如一条下行中的中长期均线被价格和短期均线向上穿越，并不能就此认定突破已然成功，因为这条中长期均线仍旧处于下行态势，而当其转而向上或者能够起到支撑作用时，才能确认突破的成功是真实有效的。

五、均线的通道形态

不同周期均线彼此之间的距离，即为均线通道。均线通道如果保持单向、畅通，那么说明价格的运行趋势必然处于持续状态；反之均线通道狭窄、封闭，价格则处于横盘、纠结之中。

从均线周期上来分析，短期均线之间、短、中期均线之间、中、长期均线之间所形成的通道，则分别具有不同市场含义。短期均线之间的通道是否畅通，则代表着短期价格的运行情况：通，则说明价格目前属于强势运行阶段；狭窄，则说明价格处于盘整阶段、方向待定；封闭，则短期价格必然转向。中、长期均线之间的通道理亦同此，只是其所影响的价格周期更为长远。

如图 2-24 所示，图中 A 点 5 日均线和 20 日均线之间保持着一个畅通的上行通道，说明价格正处于一个相对稳定的上升态势中；B

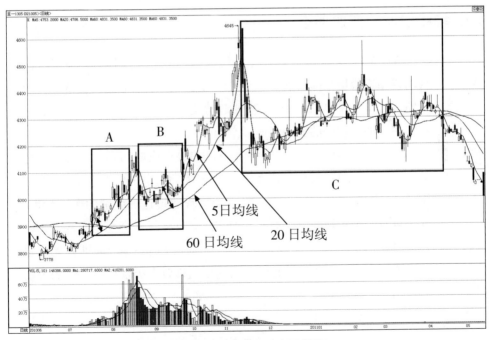

图 2-24 通道形态（大豆期货）

点，5 日均线和 20 日均线之间的通道被迅速封闭，但是 5 日均线、20 日均线和 60 日均线之间的通道仍旧保持畅通，说明当前只是价格的一个短调，暂时不会对上行趋势造成影响；C 点，5 日均线暴升之后回落，三条均线之间的通道全部被封闭并在短期内未能再度开启，这种形态说明至少一波强势的下跌行情可能即将到来。在实战中，出现 C 点的通道封闭形态后，即便不出现大幅度下跌行情，也少不了一段时间的横盘形态。

《黄帝内经·素问》中说：痛则不通，通则不痛。虽是中国传统医学理论，但是引申到均线应用中也非常传神：均线之间保持畅通，则趋势明了易于决断；均线之间封闭狭窄，则往复震荡、方向不定难以决策。无论是上涨还是下行趋势中，均线通道保持相对一致的宽度是较佳的状态，单条均线的暴升和暴跌都可能带来通道的封闭，继而对价格运行趋势造成转折等影响。

六、均线的波动变速形态

在一轮主要趋势（上涨或下跌）运行的整个过程中，会多次出现均线相逆或均线横盘形态，这些形态最终所形成的短期行情或次级行情（上涨或下跌），对整个主要趋势运行节奏所起到的加速或者减速作用，即为均线的波动变速形态。

如图 2-25 所示，在一个主要下跌趋势形成的初期，如果投资标的出现周期和幅度较长、较大的次级行情，如图中 A 点，那么在接下来邻近的下跌趋势运行途中，很少会出现超过这一级别的次级行情，除非再有一个较长的下跌周期；换言之，反弹级别会逐步递减、越来越弱。反之，如图 2-26 所示，图中 A 点主要趋势形成初期并无过强的反弹，则在之后的下跌趋势运行途中出现较大级别次级行情的可能性极高。

在主要趋势（上涨或下跌）整个运行期间，初期和后期的变化往往较为复杂。在经历过很多次不同级别的短期及次级行情之后，主要趋势（上涨或下跌）会因此出现加速或迟滞的情况，原因就在于

图 2-25　变速形态 1（江中药业）

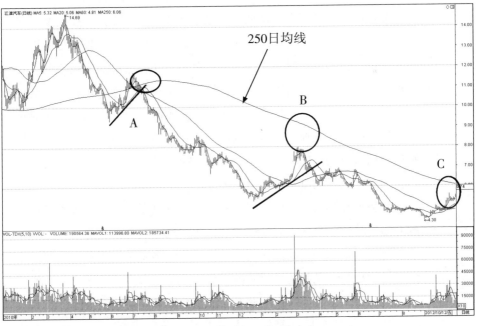

图 2-26　变速形态 2（江淮汽车）

这些不同强度的次级波动会起到积累或消耗上涨、下跌动能的作用。

在主要趋势运行的中后期，我们可以对中长期均线的变化多加关注，例如在图 2-25 中，K 线多次触及上方的 250 日均线，但是一直受其压制难以真正突破；B 点至 C 点 K 线出现加速远离 250 日均线后，才最终孕育出一波上攻行情。而在图 2-26 中，A 点至 B 点之前 K 线一直加速远离 250 日均线，而 B 点至 C 点 K 线出现相对减速并逐渐展开上行攻势。

均线的波动变速形态，比较适合投资者捕捉大趋势中的波段行情，同时也有助于对行情发展趋势及阶段做出一个清晰的判断和认识。

七、均线的趋势性形态

上面讲了很多种均线的形态，其实在实战中投资者只要把握好均线的趋势性形态，其他的形态类别都会触类旁通、迎刃而解。

行情趋势无非三种：上涨、下跌、横盘；上涨或者下跌行情中，各周期均线如果长短有序排列（多头排列或空头排列），那么就意味着趋势维持，投资者就可以轻松地顺势而为。很多人做投资之所以亏损，并不是没想法而是想法太复杂，总想着抓住趋势的高点或低点赚一把全程行情。其实这种想法就已经偏离了投资之道的正轨，投资之道在于做你看明白的、搞清楚的，而不是预测可能会有的。就像股神巴菲特说的：只选择一尺高的围栏轻松跨过去，而不是选择三尺高的围栏尝试跳过去。巴菲特的老伙计芒格也说过：投资不像体育比赛，不会因为你选择的难度高就给你加分。

趋势就在那摆着，你只要顺势而为就可以了，而很多投资者偏偏放弃最容易的，反而去挑战最难的，比如趋势拐点的预测。

对于横盘趋势，前面我们已经讲的足够多了，不再重复讲述，就说一句：横盘，尤其是长时间的横盘，并不是大多数人适合参与的游戏时间；对大多数人来说放弃参与横盘期间的交易才是最佳选择。

如图 2-27 所示，是一个主要上升趋势。判断这个趋势的形成

图 2-27 趋势性形态（美原油）

应该不是太难，例如图中 A 点，当短、中、长期均线向上发散并形成多头排列形态时，略懂均线技术的人都知道意味着什么，判断上升趋势形成之后，投资者的操作策略当然应该选择以做多为主。

大趋势形成之后，部分人会被其中短期及次级调整所迷惑，或因恐惧、或因自作聪明而清仓出局或由多转空，于是因此失去上涨的机会甚至发生亏损。

当趋势形成之后，只要投资者关注的均线系统一直保持稳定运行的状态，那么就让资金去工作，你远远地看着就成。

第三章 上攻型移动平均线

上行状态的均线，有时并不代表行情的大趋势也处于上行阶段，甚至有的均线上行状态成型之日也就是价格的下跌之时，这些都是均线系统的复杂性表现之一。对于上攻型均线不同类别以及技术细节的深入探究，是投资者掌握均线应用技术和将理论知识融入实战的重要途径。

第一节

均线启动上攻的几种角度

一、45°角匀速上攻

上升趋势维持运行期间，均线的上行角度就是一个值得我们密切关注的细节。均线不同角度的上行，所蕴含的市场意义在技术分析层面上有着极为重要的参考作用；它可能会影响到价格之后的运行方向、上行速率、上行周期等多个方面，所以对研读均线上行角度不可等闲视之。

均线在运行中总会保持一定的角度，即便是我们前面提到的横盘状态，也不可能是绝对的水平。通常来说，均线在上行趋势中保持45°角是一种较为理想的向上攻击形态。大于45°角，攻势虽强却很难持久；小于45°角，攻势则显羸弱，趋势存在不确定性。45°角的上攻是多空双方在相互博弈中，多方已经占据优势地位，但是空方不甘于失败不停反击的一种状态。多方往往会以这种角°上行来诱使空方攻击，消耗空方能量；当45°角的上攻状态保持一段时间，空方被拖得有气无力时，多方则会开始加速并超45°角上行，彻底打垮空方的意志，使其绝望，行情则由此进入最为强势的阶段。

45°角上行是一种匀速上攻状态，多方掌控局面，但空方不甘于失败时刻反击，反而使行情的运行处于一个多方获利与亏损盘不停转化并相对平衡的状态中；超45°角上行时，空方已然放弃主要攻击，行情处于单边运行，会造成获利盘短时间内激增、极易促使行情发生转折；小于45°角上行时，多空双方仍处于胶着状态，多方并不具备明显的优势地位，获利盘沉浮不定而亏损盘仍旧沉重，行情随时可能倒向空方，反映在K线上或犬牙交错或跌宕起伏。

如图3-1所示，在一轮升势中均线系统大致保持45°角的上攻态势，经过途中一波次级调整后，均线系统仍旧恢复45°角继续上行。

图3-1 45°角匀速上攻（沪铜）

交易大师江恩就特别垂青对于45°角的技术研究，他认为这个角度能够反映出价格随着时间上升或下降的速率，在这个角度上价格与时间处于完美与平衡之中。在上升趋势中，只要价格维持在上升45°角，则趋势持续有效；而在下跌趋势中，只要价格维持在下降45°角，则趋势持续有效。

由此可见，均线45°角匀速上行时投资者参与做多，就是非常理想的选择。当然，基于投资无定式的原则，任何案例都是过去式并不代表未来的必然性。45°角匀速上攻状态也有例外，也就是我们一直强调的"形与势"的关系：如果45°角匀速上攻只是一种"形"，那么"势"必然不是固定的而是变化之中的，比如：某投资标的以45°角匀速上攻过程中，多方本来占据优势地位，但是该投资标的基本面突发重大利空，于是原本的多方阵营发生分化，优势地位瞬间土崩瓦解，而空方阵营由此得到增强，于是价格迅速转为下跌。

技术分析中的角度并不需要精确到丝毫不差，所以笔者在定义角度时只有三种，即45°角、大于45°角和小于45°角。在理解和应用技术分析时必须要有严谨的态度，但是不能有刻板的思维。

二、大于45°角强攻

实战中，常可以见到一些投资标的以大于45°或接近90°的陡峭角度上攻，整个攻击幅度也许非常惊人，但是其所维持这种攻击角度的时间却相对较为短暂。在上升趋势中，当价格急升后跌回上升45°角时，时间和价格的关系恢复均衡状态，往往预示着价格止跌，如果这个角度被跌破，就表明上述关系被打破了，趋势可能发生变故。

这种强攻往往是一种阶段性的突击行为，是主力资金出于某种战略或战术上的考虑，所作出的调整部署或实施计划的动作。

如图3-2所示，图中5日均线以大于45°角向上强势运行，虽然

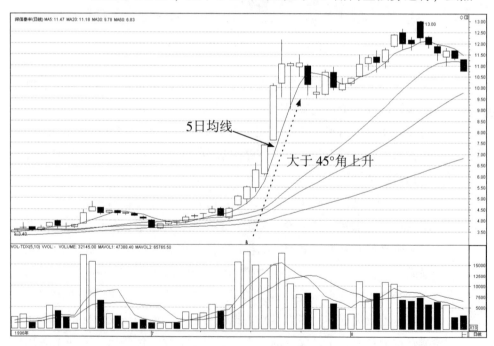

图3-2 大于45°角强攻（深信泰丰）

升幅巨大，但是整个大于 45°角上升过程却只有短短 7 个交易日。常规状态下这种强势运行过程结束后，价格和均线会逐渐回落至 45°角附近展开横盘调整的走势，之后再行选择运行方向。

三、小于 45°角缓攻

　　小于 45°角的上攻，通常都是多方力有不逮或者故意示弱的一种行情运行模式，其在行情判断上造成的迷惑性远远大于 45°角和大于 45°角的上攻模式。

　　这种上攻模式在行情的各个阶段都有可能出现，它的出现往往会使行情运行趋势变得扑朔迷离、难以预判。

　　如图 3-3 所示，图中 A 点价格与均线以小于 45°角缓慢上攻，这种小角度的上攻往往会使投资者心存疑虑，不敢确信行情趋势正在发生变化，甚至是误判行情随时会折返至原来的下跌趋势之中。在上涨

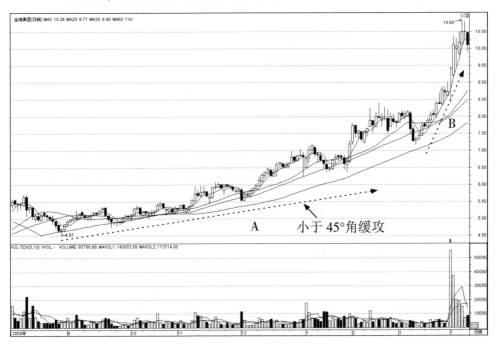

图 3-3　小于 45°角缓攻（金地集团）

趋势的初期，小于 45°角的上攻模式如果能够维持较长的时间周期，往往预示着未来行情的幅度和规模不可限量。

在实战中，均线和价格的运行不可能始终保持同一角度，而是以多个角度分阶段不停转化的过程。这也是投资的博弈性本质所决定的特性。同样在图 3-3 中至 B 点时，均线和价格结束缓攻模式，继而启动超 45°角的强攻，开始了第一次向上的冲击波。

第二节

次级攻击——反弹

一、次级反弹的启动力道

道氏理论的伟大之处就体现在对投资市场入木三分的剖析上，如道氏理论首创主要趋势、次级趋势、短暂趋势的分类，使得投资者能够更为清晰直观地发现和判断行情波动的不同级别和方式。在这三种趋势中，次级趋势的波动是最难捉摸的，它往往会给投资者带来大趋势逆转的错觉，当投资者满怀热情逐浪而来时，遭遇的却是意料之外的大退却、重回原来的大趋势之中。这也是次级趋势的波段性和折返性本质所决定的。

如图 3-4 所示，图中所展示的是一轮下跌趋势，A 点是下跌趋势中出现的一波次级反弹行情。

主要趋势的成形与运行期间都较长，相对来说较容易判断，而包含在主要趋势之中的次级趋势则要更显得变化莫测。无论是主要上升趋势还是主要下跌趋势，次级趋势都因其波段性和折返性而表现得极为突出。在一轮主要下跌趋势中，次级趋势的反弹行情是唯一适宜做多的机会。

虽然道氏理论把次级走势的幅度定义为：前一次级折返走势结束之后主要走势幅度的 33%～66%；而次级反弹行情的维持时间，道氏理论认为大致在 3 个星期或者几个月不等。但是如此宽泛的时间和幅度范围，仍旧让我们难以完全确定一轮次级反弹会达到何种力道（实战中，很多次级反弹甚至很难达到 33% 的下限）。如果参与次级趋势的反弹行情，那么可以借助短期均线系统来协助我们判断该波反弹的力道，就是一个很好的选择。

图 3-4 次级趋势（江淮汽车）

短期均线系统的 5 日、20 日、60 日模式就较为适合对次级反弹进行分析和判断。如图 3-5 所示，图中显示在一轮下跌趋势运行途中，A 点 K 线出现反弹并以 45°角匀速上攻；B 点 K 线回落，但是在60 日均线之上便得到支撑，显示出多方没有放弃上攻的意图，而空方于此处无意施压；C 点 K 线回归 45°角继续上攻。

当 45°角的上攻模式出现在反弹趋势中时，至少说明这个次级反弹的力道不会太弱，而且在时间周期上相对较长，适宜有一定技术分析能力的投资者介入。

如果反弹是以大于 45°角展开，那么强度上可能会较为突出，时间周期上则较为短暂。

小于 45°角启动的次级反弹，大部分所代表的是一个力道屡弱的反弹，几乎不具备参与的价值，除非之后出现趋势的转换。就像图 3-4 中的次级反弹，启动角度小于 45°，虽然之后角度有所改变，但是整体赢弱的走势几乎一目了然，略懂均线技术分析的投资者也不会把

图 3-5　次级反弹的力道（美元指数）

这种走势当成大趋势转折的形态。

　　前面我们讲过，45°角的匀速上攻是一种较为理想的上攻形态，但是这种上攻模式在主要下跌趋势的次级反弹行情中出现，则并不必然具有趋势扭转的含义。如在图 3-5 中，这种上攻模式被某些资金移花接木用在次级反弹上，往往会使投资者错估行情的运行节奏，误以为趋势即将扭转，而做出错误的投资决策。

二、次级反弹的终结

　　在主要下跌趋势维持运行期间所发生的次级反弹，就像是汹涌的洪峰击打在障碍物上，因撞击而逆向飞溅的浪花，也许它看起来很夺目，但是改变不了大趋势的运行，也避免不了随时就会终结的命运。

　　对于以不同角度运行的次级反弹而言，其终结的方式也会略有差异。

1. 45°角次级反弹的终结

如图 3-6 所示，是以 45°角运行的一波次级反弹。这个角度展开次级反弹在时间周期的持续性上一般都会有不错的表现，图中 A 点启动第一攻击波，B 点回落整理之后 C 点出现第二攻击波。

图 3-6　次级反弹的终结（山推股份）

分析 45°角次级反弹的终结点，关键在于短期均线系统是否一直保持这个角度或加大角度运行，如果出现角度逐步减小则反弹结束的可能性极大，但是要同时注意均线系统在 K 线回落、角度减小的过程中能否起到支撑与保护的作用。如果均线系统起到了支撑作用，之后 K 线迅速回归 45°角继续上行，那么次级反弹仍将持续。就像图 3-6 中的 B 点，K 线回调角度减小，但是均线系统中 60 日均线起到的支撑的作用，K 线回归到 45°角继续上行；若 C 点的上行结束后，K 线与 5 日、20 日均线再次回落，60 日均线已经无法起到支撑作用，则说明次级反弹已告终结。

2. 大于45°角次级反弹的终结

如图3-7所示，是一波大于45°角的强势反弹。这个角度行情运行的特性，就是幅度上非常理想，但是持续性不会太好。A点大于45°角上行至B点回落盘整，虽然之后C点继续上行并创出反弹的新高，但是整个反弹高位区域仍旧在A点创出的高点附近。

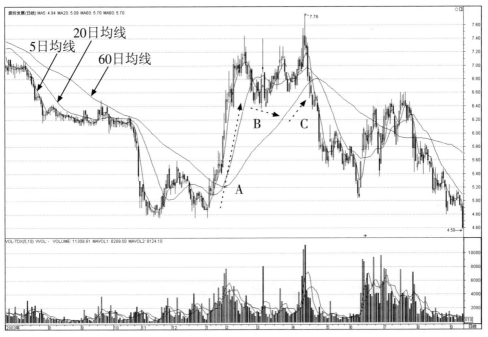

图3-7 大于45°角次级反弹的终结（廊坊发展）

大于45°角次级反弹的终结点相对容易判别，多数都发生在整个角度的减小之际。当短期均线系统发生死叉或不具备相应的支撑时，也就到了次级反弹终结的点位。

3. 小于45°角次级反弹的终结

如图3-8所示，是一波典型的小于45°角的次级反弹，这是弱势反弹的代表形态。一般来说这个角度的次级反弹或者终结于均线系统中下行均线的压制，或者终结于和K线同步运行均线之间的死叉和失去原有角度。

实战中经常会遇到次级反弹度角改变的情况，比如，原本为小于45°角运行的均线系统，在运行过程中突然加大角度迅速上行。对于这种变形后次级反弹，投资可以参照变形后相应的角度区别对待。

下面我们将要谈到次级趋势的另一种变形，即趋势的扭转。

图 3-8　小于 45°角次级反弹的终结（中恒集团）

第三节

上攻的关口——趋势突破

一、短、中期均线系统营造的环境

在主要下跌趋势的末期，价格和均线的启动上行，通常会被认为仅仅是一波次级反弹行情，然而随着价格和均线系统的逐渐往纵深发展，人们才恍然大悟，一轮转势行情早已悄然展开。

从严谨的角度来说，在主要下跌趋势的背景下所发生的任何角度的上涨行情，我们都不能随意猜测就是趋势转换的开始，而只能暂时认为只是一波次级反弹行情。至于次级反弹行情是否会演化为趋势的转换，则是一个需要根据"形与势"不断发展和变化而进行侦判的过程。

在趋势转换的节点上，必然存在着对原有趋势的突破和新趋势的启动与塑造的特点。也就是说，主要趋势扭转的前后，短、中期均线系统必然是有迹可循的。很难想象一个主要的、长期形成的下跌趋势会在朝夕之间霍然扭转成功。无论以何种角度展开的以主要趋势扭转为目的的行情，都会有一个铺垫和展开的过程，这个过程我们称之为短、中期均线系统营造的环境。

通过分析短、中期均线系统是否存在营造趋势扭转的环境，我们就可以判断出上涨行情是一波次级反弹行情还是一轮新涨势的开始。此处采用的短期均线系统为：5日、20日、60日均线；中期均线系统为：30日、60日、120日均线。

如图3-9所示，图中所显示的就是由短、中期均线系统所营造的利于趋势扭转的环境：短期均线系统于A点前后形成向上发散、多头排列的形态，随着行情的发展，B点和C点60日均线和120日均线

也相继加入多头排列的阵营；均线关口的纷纷突破，印证了短、中期
均线系统已经营造出一个良好的趋势突破的环境。"形"已在，"势"
将何如？

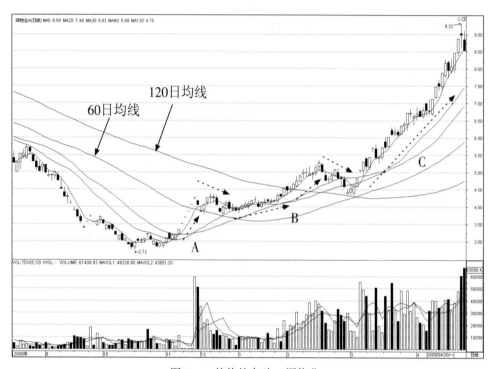

图 3-9　趋势的突破（深物业）

　　从上升角度来说，A 点处 K 线与 5 日均线以大于 45°角强势启
动，不久 K 线与 5 日均线发生回落；到 B 点时再度上行，但是上行
角度已经减至小于 45°角，虽然之后略有加大，但最终还是发生了
回落。这种角度变形情况如果出现在次级反弹行情中，B 点之后的
回落也就会成为此次次级反弹的终结点，然而在图 3-9 中，B 点之
后 K 线回落至 60 日均线和 120 日均线之上时止跌企稳，显示出中
期均线系统已由原先的压制形态转而开始发挥出有力道的支撑和保
护作用，这在次级反弹行情的尾声阶段是不可能出现的情况，也就
佐证了当前运行的行情正在发生蜕变。

C 点 K 线与均线以 45°角匀速上行，短、中期均线系统多头排列；C 点 K 线与均线的表现，就是对原有趋势的突破和新趋势启动的一个重要关口，也体现了前期短中期均线系统所营造环境的"形与势"完美的统一。可以这么说，没有 C 点的突破，行情必然处于次级反弹终结过程中，趋势扭转只能是一场春梦。

二、长期均线系统的扭转与启动

判断主要趋势的扭转与突破，仅仅依据短、中期均线系统的形态可能会略失于轻率，适时参考长期均线系统的情况，则对于主要趋势的运行阶段与状态就能够有一个全局性的认识。

我们在论述长期均线系统的一节里说过：长期均线系统并不是一个能够帮助你选择具体交易时机的系统，如果你依照长期均线系统确立自己的交易细节，你可能会失去最佳的交易时机。在选择交易时机和时点上，短期均线系统和中期均线系统应该有更优越的表现。而长期均线系统的作用，主要体现在确定大趋势以及大趋势是否已经发生转折的分析和判断上。

在主要趋势发生扭转和启动的最初阶段，长期均线系统内部的各条均线会出现分化，每一条均线追随行情转势向上的时间点位上也不尽相同。如图 3-10 所示，图中 A 点是长期均线系统由空头排列逐渐过渡到聚拢、黏合的过程；B 点时，长期均线系统已有多头排列的雏形，但是整体形态并不清晰和明确，直至 C 点时，长期均线系统才真正出现多头排列，向上发散。

从形态的角度来说，B 点区域 K 线运行重心大致处于长期均线之上，已经能够证明趋势扭转基本成功，但出于稳妥的考虑，C 点的形态确认更具说服力。

在应用长期均线系统判断主要趋势扭转与启动时，有一个需要注意的技术要点：在强势次级趋势反弹行情中，长期均线之间有时会出现金叉或者价托，但是大多数不会形成多头排列、向上发散，

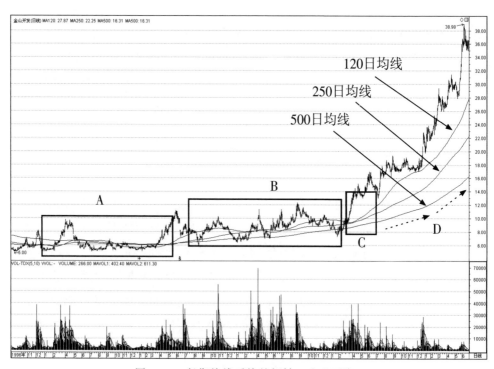

图 3-10　长期均线系统的扭转（金山开发）

更不会出现像图 3-10 中 D 点那样长期均线角度加大的情况。这个技术要点，对于判别趋势扭转和强势次级趋势反弹行情有着重要的作用。

对于运行角度陡峭的主要上涨趋势来说，其整个运行时间周期会相对较短，所以长期均线系统形成多头排列，向上发散的时间会较为迟滞；反映到行情运行阶段上，则大多出现在整个主要上涨趋势的中后期，因此对于角度陡峭的主要上涨趋势而言，长期均线系统往往失去判市作用。如图 3-11 所示，图中 A 点长期均线系统相继金叉，之后出现多头排列时，行情基本上已经处于中后期阶段。

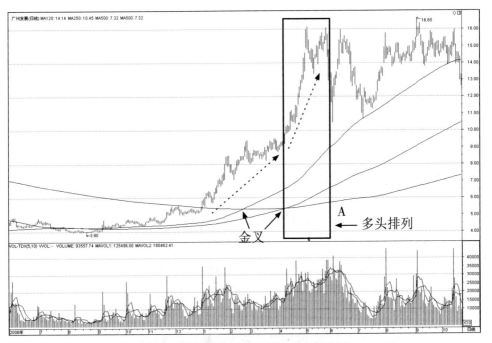

图 3-11 长期均线系统的扭转（广州发展）

第四节

攻击的时间与空间测量

一、次级反弹行情的测量

对于行情运行时间与空间测量的技术方法有很多种，诸如黄金比率、周期循环理论等，这些技术方法都可以作为投资者参考的对象。笔者认为，立足于动态的、且保持相对稳定的均线系统，对行情进行综合分析与考量，以移动平均线的形态理论为基础，结合量价关系、超买超卖理论，将更有利于发现市场行情的变化趋势。

均线的时间与空间测量，分为上涨趋势测量和下跌趋势测量两个部分；本章以上攻型移动平均线为探讨对象，所以在这里只讲述上涨趋势的测量，下跌趋势测量的部分留在下跌型移动平均线一章中讲述。

上涨趋势可以粗略分为，主要上涨趋势和次级反弹趋势；下面我们运用案例分析的形式讲解次级反弹趋势的时间与空间测量。

1. 时间测量

次级反弹的时间测量，就是利用均线波动变速理论来测算次级反弹发生的时间。

如图 3-12 所示，图中 A 点均线聚拢后死叉向下，确认了一轮跌势已经开始；B 点一波小角度反弹结束后，价格迎来急速下跌。

我们利用均线波动变速形态理论可以测算大级别次级反弹发生的时间：跌势初期并无大型的次级反弹，那么在之后出现的可能性较大，而且往往出现在价格加速远离中、长期均线之后，在这我们可以参考乖离率指标的变化情况，如图中 C 点次级反弹的价格低点到来之

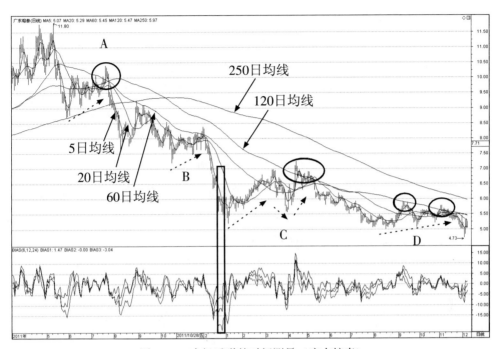

图 3-12　次级反弹的时间测量（广东榕泰）

前，乖离率已经提前创下新低。故 C 点在价格的急速下跌后，果然迎来一波大级别次级反弹行情。

在趋势存续时间测量方面，次级行情的运行角度也可以带给我们一些帮助，图中 C 点 45°角上涨，回落后加大角度上行直至行情结束；图中 D 点价格阴跌后出现小于 45°角的反弹走势，前文我们讲过这种小角度反弹，除非演化成为趋势扭转，否则时间与空间都不会太理想，一旦价格摆脱均线系统微弱的支撑，继续下跌就成为必然。大于 45°角反弹的存续时间比较短暂，一旦遭遇下行均线的压制大多宣告结束。

趋势发生和存在的时间测量，只有理论上的确定性：即出现这样的"形"，可能会有相应的"势"；然而在实战中，"势"的变化更为复杂不一而足，所以对于时间测量投资者需明白一点，我们谈及的均线的时间与空间测量法，是趋势发现法，而不是主观预测法。

2. 空间测量

次级反弹的空间测量，利用均线系统的形态分析就可以得出相应的答案。一般来说，短期反弹或小角度次级反弹往往会结束于20日、60日均线附近；在下跌趋势的中后期，随着均线的逐步聚拢，也会出现终结于120日的情况。强势的45°角次级行情有些会越过120日均线，但是多数未能触及250日均线就会终结。如图3-12中的C点和D点的反弹高点就终结于120日均线附近。

在空间测量中，比较具有迷惑性的是大于45°角以及级别较大的次级反弹，这种形式的反弹有些会出现对250日均线的成功突破，从而会让投资者误以为是新趋势的到来。

如图3-13所示，图中在整个下跌趋势维系期间，价格对250日均线出现过四次大的向上攻击，其中尤以C点的表现最为突出。C点价格对250日均线的突破，已经满足了传统突破理论的两个条件，即

图3-13　次级反弹的空间测量（亚泰集团）

实战中有很多传统理论无法解释的死角，如图 3-13 中 C 点的突破就是一例。但是如果我们用具有辩证思想的"形与势"理论来解读行情趋势，则思路往往会豁然开朗并由此能够发现更多的事实真相。

图 3-13 中 C 点的突破是"形"，"势"是如何表达的呢？"势"告诉我们：A 点是下跌趋势初期的一个大型次级反弹，这个反弹终结于 250 日均线，按照均线的波动变速形态，其之后相邻的次级反弹级别会逐步减小，比如 B 点的反弹明显趋弱，而在 B 点之后价格并没有出现远离长期均线的急速下跌，随之就产生了 C 点的反弹，而这个反弹能够突破 250 日均线，难道这里会出现一个类似 A 点的大型反弹行情吗？如果是的话，那么均线波动变速理论就将面临重新定义，除非这里出现趋势的扭转。而 C 点价格突破 250 日均线之后，反弹高点逐步下移的"势"，已经明确显示 C 点既没有趋势的扭转也没有违反波动变速理论，它只是一个级别小于 A 点却更具有迷惑性的次级反弹行情。

遇到 C 点这种形式的次级反弹，关于空间测量依然适用于 250 日均线附近的原则，当突破发生后，如果均线不能由压制转为有力支撑时，就是投资者选择卖空之时。

二、主要上涨趋势的测量

主要上涨趋势必然来自于主要下跌趋势的完结与扭转，所以在主要下跌趋势的末期，我们可以通过趋势发现来测量行情发展的时间与空间。

1. 时间测量

主要上涨趋势的扭转与突破，我们在本章第三节中已经讲述，所以这里谈及主要上涨趋势时间测量时，会对之前的内容深入探讨以利于投资者更好的理解。

"鸟之将死，其鸣也哀；人之将死，其言也善。"一个主要下跌趋势运行至周期尾声阶段时，总会表现出与之前下跌过程不同的特征来。例如，部分投资品种在主要下跌趋势行将就木之前，往往会出现一波疯狂的急速下跌；而有的投资品种，则要经过长期价格横盘和均线黏合的磨砺过程。出现一个趋势结束的"形"，必然有一个与之相符合的"势"，二者的统一才会有一个合乎逻辑推理的结果。

如图 3-14 所示，图中在一轮下跌趋势开始后，至 A 点才出现一个稍具规模的次级反弹，之后反弹规模都很小，符合均线波动变速形态的要求。B 点价格创出新低，一波反弹随之而起，这个反弹无论是幅度还是持续时间都超过了 A 点，鉴于 B 点和 A 点已有相当距离的时间与空间，所以出现一个大型的次级反弹还是合乎理论要求的。

B 点的反弹结束后，在回落过程中并没有刷新 B 点的启动低点就再次开始上行，并在 C 点突破了包括 120 日均线在内的多条均线，而这些均线随之出现了聚拢形态，当行情运行到这里时，投资者会产生

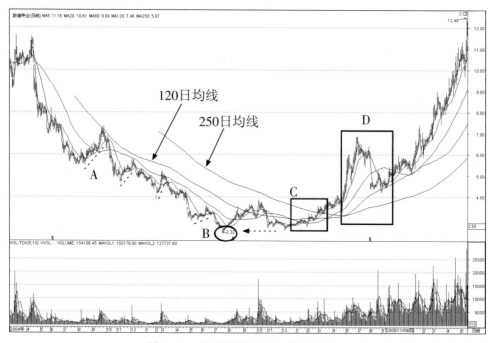

图 3-14　主要趋势的测量（敦煌种业）

很大的疑惑：C 点的突破究竟是次级反弹的强势延续还是新趋势开始？

　　C 点价格穿越下行态势中的 250 日均线，这种情况在强势的次级反弹中也会出现，但是之后的 D 点，包括 250 日均线、120 日均线在内的多条均线向上发散且多头排列就不是一个次级反弹所能够具备的均线形态了，D 点回落后价格在 120 日均线得到有力支撑并重回涨势，更进一步印证了大趋势的扭转已然成功。

　　在图 3-14 的案例中，B 点价格最低点出现时，仅就均线理论的范畴来说并不能告诉我们这就是趋势扭转开始的时间；而到了 C 点时，小角度的上行却能使多条中长期均线聚拢并向上发散，已经给了激进型的投资者一个入场时间的提示；D 点 250 日均线的扭转和均线通道的保持使趋势明了，应该说这里是主要趋势扭转确认的时间。

　　在主要上涨趋势启动和存续的时间测量上，运用趋势发现法其实是一个"观其形、察其势"的过程，投资者应避免从自身仓位和盈亏上预判行情。

2. 空间测量

　　主要上涨趋势的空间，同样可以运用上涨角度的变化，以及均线波动变速形态来估算次级回调的级别，用均线通道形态来观测行情的大趋势是否畅通等技术方法来测量。

　　图 3-15 中是一轮主要上涨趋势的全貌。在上涨趋势的发展过程中，整体保持着 45°角的上行态势，但是可以看到其细微处角度陡峭的向上攻击波，都会引发价格快速的下跌和短期均线的死叉或聚拢，随后这些下跌都会在重要的均线关口上得到有力的支撑、重回上涨趋势。投资者在上涨趋势经过长期运行、有较大涨幅之后，如果发现价格频繁发生大于 45°角的涨与跌，就要警惕涨势的空间可能接近终点，一旦出现跌破均线关口的形态，应当及时调整操作策略。如图中 C 点，均线超 45°角急升后迅速下跌、且连续跌破 120 日均线和 250 日均线两道重要的均线关口，趋势发生重大变化是毋庸置疑的。

　　如图 3-15 所示，图中 A 点，价格与 5 日均线急升后回落，价格受到 120 日均线的有力支撑；同时我们还可以看到 60 日均线和 120 日均线之间的均线通道保持通畅，并未因此而封闭，也就证明 A 点发生的只是一个小级别的回调、无碍上涨趋势的继续运行。对于投资者来说 A 点这种小级别的调整，几乎不具备交易的价值。

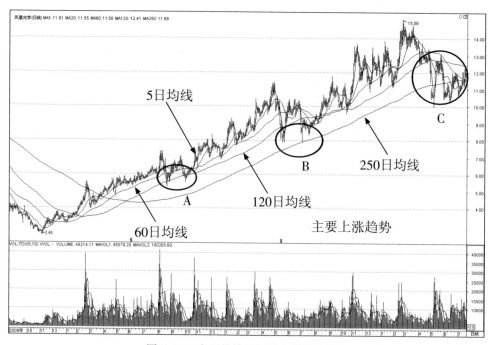

图 3-15　主要趋势的测量（凤凰光学）

　　图中 B 点，5 日均线、20 日均线、60 日均线、120 日均线之间通道全部被封闭，就均线通道形态而言，这是一个极度危险的信号；如果均线在之后的回落中，封闭掉 250 日均线通道的话，那么主要上升趋势的上行空间将就此终结。幸好之后发生的回落，250 日均线发挥出强大的支撑力道，挽狂澜于既倒。在 C 点再次发生回落，250 日均线这是已经无力回天，主要上涨趋势由此戛然而止。均线的通道形态非常有利于投资者侦判大趋势的运行情况，并可以借此测量趋势是否还有上行空间。

如果从均线波动变速形态的角度来分析，图中这轮主要上涨趋势一直未出现大级别的回调趋势，熟悉均线波动变速形态理论的投资者，面对 B 点出现的急跌时，就不会惊慌失措，当 250 日均线呈现出强力支撑时，B 点——大型次级回调的真相，就提前展现在投资者面前。在众人仍惊恐于大势扭转、大肆抛空时，你却可以从容做多。

我们前面说过，时间与空间的测量是趋势发现法而不是预测法。趋势发现法和预测法最大的区别在于，它排除了主观愿望的因素，能够更为客观看待市场运行态势的发展。趋势发现法是通过均线形态、价格态势、市场情绪等侦判趋势运行方向的技术分析手段，它的本质是由市场告诉我们行情将会如何运行，而不是由我们主观认定行情该怎么运行。市场总会通过一些细节，自然地流露出未来的运行轨迹，不需要我们来预测，只需要我们睁大眼睛、用心去看就足够了。

第四章　下跌型移动平均线

投资市场总是周而复始地处于涨与跌的循环之中，上涨型移动平均线代表循环中涨势周期的部分，相对应也就有下跌型移动平均线代表下跌周期，上涨型与下跌型移动平均线构成一个完整的循环过程，并依此对更大一级或小一级的循环带来推动或制约作用，从而促使价格处于不断的变化之中。通过对下跌型移动平均线的研究与探讨，可以使我们较为完整地了解价格循环过程，进一步触及价格变化的本质与核心。

第一节

均线启动下跌的几种角度

一、45°角匀速下跌

在上攻型移动平均线一章里，笔者将角度定义为三种，即45°角、大于45°角、小于45°角，这个分类同样适用于下跌型移动平均线；同样，关于上攻型移动平均线角度的分析也适用于下跌型移动平均线，只是方向相反、多空换位。

如图4-1所示，图中一波下跌趋势运行的整个过程，保持着45°

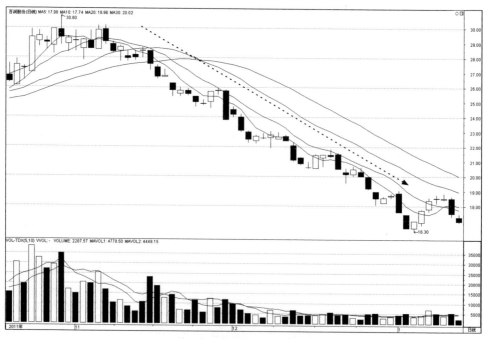

图4-1　45°角匀速下跌（百润股份）

角的匀速下跌；在这个角度下，空方拥有着主导和掌控的地位，任何逆势做多的行为都无异于飞蛾扑火。在 45°角下跌斜率改变之前，投资者可选择顺势而为或场外静观。

角度分析，是价格和均线分析中的细节。很多人只关注涨或跌的结果，而容易忽视上涨或下跌的角度，殊不知这个看上去无关紧要的角度分析，往往能够告诉你很多价格背后的真相和秘密。价格和均线不同的运行角度，所反映的是能够掌控这一运行特性的个人或群体的意志，例如 45°角所反映的就是空头主要力量的有恃无恐，四平八稳，全面掌控局面的情况。

二、大于 45°角暴跌

大于 45°角的暴跌，最容易让人陷入恐惧。投资者会在短时间内因为看不到希望，而产生被抛弃、被放弃的感觉，好像处在飓风将至而孤立无援、束手无策的绝望情绪中，这种情绪笔者将之定义为"孤岛情绪"。市场的主力资金往往会利用大于 45°角的暴跌来制造恐慌，使得"孤岛情绪"在中小投资者群体中蔓延，继而做出非理性的操作行为，而主力资金则借机渔利。

大于 45°角的暴跌和大于 45°角的上涨一样，持续的时间都相对较为短暂。一般来说，这种角度的下跌幅度越大、速率越急，之后迎来的反弹越强烈；在下跌大趋势发生转折的前期，往往都会出现一波大于 45°角的暴跌。需要投资者警惕的一种现象是：在大于 45°角的暴跌之后价格微弱反弹、整体处于横盘形态，那么继续深跌是一个大概率事件。投资者不可对暴跌之后的横盘走势，抱有不切实际的上升幻想。

如图 4-2 所示，图中是一波断崖式的大于 45°角的下跌趋势。在这个下跌趋势运行期间，盲目入场逆势做多是最不可取的选择，但是在实战中很多人却幻想能够捕捉到趋势的拐点，因而会以自己的主观预测而不是趋势发展为依据，进行盲目操作亏损往往不可避免。

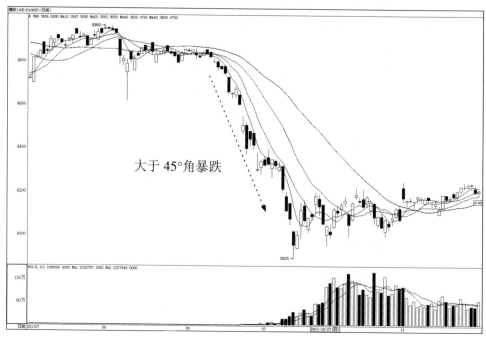

图 4-2　大于 45°角暴跌（螺纹钢）

三、小于 45°角的缓跌

　　小于 45°角的下跌，表面上看起来似乎很温和，但趋势却因此变得模糊难判，使得投资者容易放松必要的警惕性，丧失较佳的操作时机。这种角度的下跌，一般又被称为"阴跌"。

　　投资中有句谚语："不怕跌，就怕拖。"意思是说，在趋势明了的情况下，跌并不可怕，因为你可以采取相应的操作方式来应对，但是当趋势捉摸不定、欲涨还跌的情形下，投资者就难以做出决策，所以反而会因此错失时机，甚至遭遇重大亏损。

　　如图 4-3 所示，经过一波急跌后，图中 A 点均线整体处于小于45°角的缓跌状态。在行情背景为主要下跌趋势的市场中，这种下跌角度结束后多会出现大角度的急跌。

图 4-3　小于 45°角缓跌（旗滨集团）

第二节

次级下跌——回调

一、次级回调的下跌力道

无论一轮主要上涨趋势如何的波澜壮阔，都必然有级别不等和角度不同的次级回调存在；次级回调就像是汽车的刹车系统，必要的"刹车"虽然会令行驶的速度减慢，但却保证了整个行驶过程中的安全。

当一个主要上涨趋势维持一段时间之后，随着多方获利幅度的不断增长，部分投资者兑现盈利的欲望也与日俱增；同时场外资金对于持续高涨的价格渐渐失去追逐的热情，上涨的势头会因此逐步减缓并转而开始下跌，一波次级回调由此开始。次级回调毕竟不是主要下跌趋势，它会在完成相应的筹码转换、整理的任务之后，结束下跌走势并重新回到主要上升趋势的运行中。

需要投资者注意的是，任何角度的次级回调行情都存在改变角度的情况；即以某一角度开始运行的次级反弹，在途中出现短期反弹走势后改变了原先的下跌角度。角度改变后，往往对次级回调行情的时间周期和幅度带来一定的影响。

当一个次级回调行情展开之后，运行角度就是需要我们关注的地方：

1. 45°角的下跌力道

通常来说，以45°角下跌的次级回调行情，具有一定的持续性且下跌力道往往较为强劲；如图4-4所示，次级回调的主要跌幅就发生在图中 A 点这个阶段。之后出现反弹，反弹结束后的 B 点下跌角度变得更为陡峭，次级回调也随之终结。在图4-4这个案例中，

A 点运行的 45°角下跌，从 13.6 元高点跌至最低点为 8.71 元，用
了 19 个交易日；反弹后以大于 45°角下跌，从 11.26 元的高点跌至
最低点 7.60 元，用了 14 个交易日。B 点的大于 45°角的下跌相对
整个次级回调趋势来说，还是起到了以空间换时间的作用。

图 4-4 45°角的次级回调（东风科技）

2. 大于 45°角的下跌力道

大于 45°角的下跌，往往是一个在时间周期上较为短暂，但在下
跌幅度上较为巨大的次级回调行情。如图 4-5 所示，图中在次级回调
的过程中，该投资标的的价格仅用了 13 个交易日便从 30 元附近的价
位跌至 21 元，充分显示大于 45°角次级回调时间短、跌幅大的特点。

3. 小于 45°角的下跌力道

小于 45°角的下跌，通常都被视为是一种价格的强势回调整理，
在整个次级回调的时间周期和幅度上都表现得非常温和。如图 4-6

图 4-5　大于 45°角的次级回调（同仁堂）

图 4-6　小于 45°角的次级回调（中视传媒）

所示，图中整个次级回调的最高价 15.09 元，最低价 12.80 元，共计 32
个交易日。这种小角度的强势回调往往都具备以时间换取空间的特性。

二、次级回调的终结

在主要上涨趋势运行过程中出现的次级回调，当其完成所负载的
清理浮筹、消减获利比例、提高市场平均成本等相关任务后，就会终
结自身的下跌趋势回归到上涨的主要趋势中去。

对于以不同角度运行的次级回调，其终结的方式也会略有差异。

1. 45°角回调的终结

如图 4-7 所示，是一波次级回调行情的整个过程。这波次级回调
先以一个短期的 45°角下跌开始，随之反弹，反弹后下跌角度仍旧以
45°角展开。

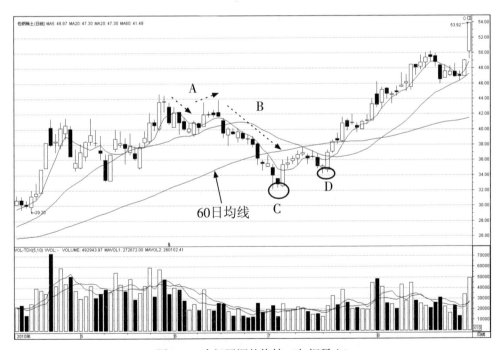

图 4-7　次级回调的终结（包钢稀土）

次级趋势中（上涨或下跌）通常都有可能会改变运行角度的小反弹（回调）出现，有的出现在次级趋势的中后程；有的则如图所示出现在开始阶段，这种小反弹对于下跌的速率或时间周期往往能起到延缓或催化的作用。如图中 4-7 中 A 点价格下跌受到均线的支撑，显示盘中并无较强的下跌动能，而小反弹的发生和结束无疑催化了部分犹豫不决地做空筹码的决心，于是 B 点下跌由此展开。图中 A 点就是一种起到催化作用的小反弹。

当次级回调趋势开始之后，我们可以利用均线系统来分析其终结的点位，"形和势"的分析仍旧是主要的判断依据。如图 4-7 中 C 点跌势暂止时，在实战中我们不能确定这里就是次级回调的终结点，当 D 点再次回落不创新低，同时价格轻松穿越 60 日均线的时候，次级回调终结的"势"就毕露无遗了。

2. 大于 45°角回调的终结

如图 4-8 所示，是一波大于 45°角的次级回调趋势。与图 4-7 中

图 4-8　次级回调的终结（开创国际）

的小反弹不同的是，图 4-8 中的小反弹发生在行情的中后期，它对整个次级回调的下跌起到了延缓的作用。

大于 45°角回调的特点就是幅度大、时间短，判断它的终结点位仍需要利用"形和势"分析理论。图 4-8 中 B 点价格在 5 日、20 日均线的支撑下穿越下行状态的 60 日均线，初步具备终结下跌的"形"，但是均线的关口突破理论告诉我们：穿越下行状态中的 60 日均线，并不必然具备向上突破成功的意义，所以当 C 点价格回试转势上行的 60 日均线得到支撑时，我们才能确认次级回调的终结。

3. 小于 45°角回调的终结

如图 4-9 所示，是一波小于 45°角的次级回调趋势。在主要上涨趋势的大环境中，小于 45°角的次级回调又被称为强势回调或整理形态。

图 4-9 次级回调的终结（首旅股份）

小于 45°角的次级回调趋势是一种以时间换空间的回调形态，它的整体下跌幅度一般都不会太大，但是持续的时间往往较长。这种小角度回调的终结，我们可以参照短期均线系统的表现和变化情况：如图 4-9 中 A 点，价格和 5 日、20 日均线回落的过程中，60 日均线一直保持上行态势；当价格向下跌穿 60 日均线时，60 日均线保持了上行态势并仍旧具备支撑力道，未显现压制的作用，这使得价格能够迅速回升重获 60 日均线的支撑，意味着次级回调的结束。C 点价格再次回试 60 日均线的支撑，是投资者加仓的良机。

实战中，一些投资品种以小于 45°角开始下跌，并最终导致了主要趋势的扭转，投资者最初以为是一波强势的回调，却未料到行情就此见顶。判断是趋势扭转还是次级回调行情时，我们不妨就以 60 日均线为参照物：当价格向下跌穿 60 日均线，上行态势的 60 日均线不仅未能提供足够的支撑力道，反而尽显压制作用，这种情况出现时，则意味着趋势可能生变，或至少目前次级回调的小角度下跌态势不可能继续保持，投资者应做好趋势扭转或者价格转为大于 45°角急速下跌的准备。

投资者在实战中对于次级回调行情运行与终结的判断，既可以参照均线角度来进行分析，还可以通过均线波动变速形态来认证。例如，通过均线波动变速形态中次级趋势的级别分析，可以大致估算出当前次级回调行情的规模，提前做好该波回调终结后的计划。当然，基于投资市场的多变性，任何形式的估算或预测都需要"形和势"相统一的趋势发现法来验证，而不能把预测当成交易的唯一依据。

第三节

下跌的关口——趋势突破

一、短、中期均线系统营造的环境

无论多么辉煌的牛市上涨行情，总会有落幕的那一刻。在曲终人散之前，作为一个投资者你可以通过趋势发现法来洞察其中的离别之音。短、中期均线系统在大趋势即将出现扭转的前夕，总会营造出适合趋势变化的技术环境。

和判断主要上涨趋势扭转启动时一样，我们依然采用短期均线系统：5 日、20 日、60 日均线；中期均线系为：30 日、60 日、120 日均线。

如图 4-10 所示，图中 A 点均线系统多头排列，各条均线之间的通道畅通，显示价格的上涨趋势维持着良好的局面。B 点，价格与 5 日均线走出单均线暴跌、暴升的形态；我们通过之前学习的单均线的暴升、暴跌形态可以知道，短期均线霍然离群飙升或暴跌，则意味着至少一个短期拐点即将出现；在 5 日均线暴升、暴跌的剧烈变化中，均线系统的其他均线开始相互缠绕呈现横盘趋向，均线之间的多个通道大部分都被封闭，唯有 120 日均线尚处于上升态势、保留着唯一的上行通道。对于价格与均线系统所处的这种状态，我们至少要心存警惕：主要上升趋势是接近终结还是仅仅出现一波次级回调？

C 点，整体处于横盘形态的均线系统向下发散，封闭了和 120 日之间的通道，多头的残存的一丝希望就此破灭；D 点，价格再度上涨并收复 120 日均线，在"形"上似乎有结束次级回调重拾主升势的模样，但是我们看到 120 日均线已呈下行态势，整个均线系统既不通也不畅，价格也无力挑战新高，局面上呈一幅师老兵疲回天乏力的"势"。

当短、中期均线系统在主要上涨趋势长期、大幅上升之后的区域出现像图 4-10 中的表现时，我们就要保持格外的清醒和警惕，短、中期均线系统所营造的这种趋势转折的环境已然成形，即便行情暂时仍处于整固期并未开始下跌，但是任何倾向于做多的幻想在此时都是极其危险的。

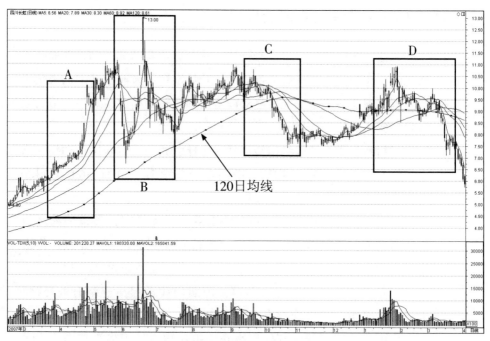

图 4-10 趋势突破（四川长虹）

二、长期均线系统的扭转与下跌

主要上涨趋势的终结和扭转，不仅仅有短、中期均线系统所营造的环境，长期均线系统也必然存在相应的表现。

如图 4-11 所示，图中 A 点价格一度跌破 120 日、250 日、500 日三条均线，但是之后价格收复失地并重新得到长期均线系统的支撑。

在这期间，均线系统呈现黏合的形态，之后价格以大于45°角迅速飙升。B点时，价格冲高回落后再度跌破三条长期均线，价格在第一波暴跌后的反弹中触及250日均线便折返向下，价格的这种表现已经很充分证明了这时的长期均线已由支撑转化为了压制，主要趋势的扭转由此铸就。

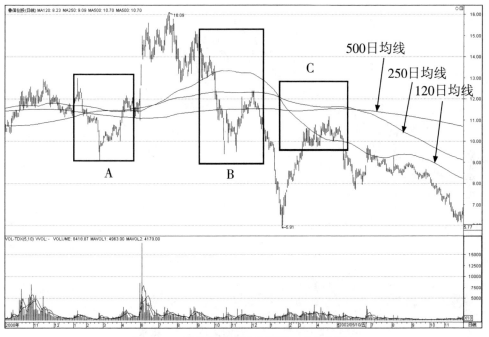

图4-11　长期均线系统的扭转（鲁信创投）

C点时，价格暴跌后出现一波急速反弹，但是价格仅仅攻击至下行状态中的120日均线便踟蹰不前，这个点位应该是多头最后的逃生机会，也是做空者加码的时候；此时120日、250日、500日均线已形成长期均线之间的价压，三条均线之后逐步形成了空头排列。

长期均线系统在反映主要上涨趋势的扭转与下跌时，往往具有滞后性的弱点，但同时也因其足够的稳定性，所以长期均线系统一旦形成扭转，则意味着短时间内价格趋势不会有太大的变故。

在长期均线系统运行趋势的研判上，我们仍要坚守趋势发现法，而不能简单地以价格和均线的"形"来预测后市。例如在图 4-12 中，如果投资者以价格跌破整个长期均线系统为趋势扭转的标准即唯一的"形"，那么当达到这个标准时价格已然坠入深谷。

图 4-12　长期均线系统的扭转（京投银泰）

聪明的投资者完全可以依靠"势"，更早地发现趋势扭转的迹象。A 点，价格数次测试 120 日均线的支撑力道并最终跌破这条均线，之后急速下行并跌破 250 日均线。如果假设这是一次强悍的次级回调行情的话，那么在暴跌之后的回升过程中 250 日、120 日就应该不会存在较大的压力，价格至少能够轻松收复距离最近的 250 日均线；但是图中 B 点我们可以看到价格在 250 日均线附近表现得异常孱弱，而 250 日均线在价格下跌时似乎毫无支撑，并在价格回升时却变得压力沉重。一波次级回调是无法如此轻易地让 250 日均线失去抵抗的，只能是趋势的扭转。如果说 A 点尚不足以确认趋势的扭转，那么 B 点已经能够证明一切。

　　C 点，是这个角度陡直下跌行情的一个例行的反弹。在这里，如果有人还对趋势的扭转抱有异议，那么所有的技术分析对他来说都是毫无意义的。

第四节

下跌的时间与空间的测量

一、次级回调行情的测量

实战中分析和测量次级回调的时间与空间，要注意其所处的阶段；在主要上涨趋势不同阶段出现的次级回调，其技术含义也有较大的区别。例如，在主要上涨趋势初期出现时，次级回调往往会被认为是原下跌趋势的延续；而在上涨趋势中段出现的次级回调，则容易被投资者认为是上涨趋势的拐点；在上涨趋势中后期出现的次级回调，多被投资者视为逢低买入的良机。测量次级回调的时间与空间，我们还可以利用均线的波动变速形态，它可以大致地估算出在主要上涨趋势不同阶段出现的次级回调的级别或规模。

在上攻型移动平均线一章里，我们介绍过有关次级反弹的时间与空间测量法则，其大部分技术原理同样适用于下跌型移动平均线的分析和判断，本章对次级回调行情的测量则仅做简要的案例分析。

如图4-13所示，图中是一波小于45°角的回调行情，整个次级回调周期长达半年左右的时间，这波次级回调出现在主要上涨趋势的初期阶段。就次级回调行情的时间测量来说，图中的次级回调行情是以小于45°角展开的，我们知道这个角度的回调虽然整体跌幅不会太大，但是整个调整周期可能会比较漫长，实际上这波回调用了半年多的时间。

在主要上涨趋势的初期阶段，部分投资者是很难认同当前的下跌仅是一个次级回调行情，刚刚过去的主要下跌趋势所带来的惨痛经历，仍旧让他们杯弓蛇影、心有余悸，所以当出现图4-13中那样的次级回调行情启动时，会被人们悲观地认为这将是回归下跌趋势的开

图 4-13　次级回调的测量（科力远）

始。随着次级回调过程的展开，人们发现下跌并不像想象中的那样猛烈，但是整体下行的趋势短时间内并无改观的迹象，在这个阶段是投资者最为迷惘的时期。

其实熟悉均线技术理论的投资者，还是能够发现图 4-13 中那波下跌的真实面目的，如图中 A 点，包括 120 日、250 日长期均线在内的均线系统向上发散、多头排列，这种情形不可能在一个次级反弹中出现并长时间得以保持。

自 A 点过后开始的下跌过程中，投资者如果想测量这波次级回调的下跌空间，那么就可以运用趋势发现法来逐步探知。B 点价格第一次回落触及 120 日均线得到了支撑，这个位置有可能会成为回调的终结点，但是在之后的反弹中价格不但得不到 60 日均线的支撑，反而受到压制，在"势"上已经显示出 B 点不可能成为回调终结点。于是价格继续下跌并跌破 120 日均线、直逼 250 日均线。到了这个阶段，空间测量的重点就在于 250 日均线附近，如果 250 日均线不能提供支撑，反而显现压制，那么我们就需要重新考虑这波下跌的性质。

图 4-13 中 C 点，价格一度跌破 250 日均线且乖离率也同时创出新低，但是上行状态中的 250 日均线最终还是显示出其所应具有的支撑作用，不久价格便由此止跌回升。C 点以及之后均线与价格的低点逐步抬升的"势"，已经表明次级回调的下跌空间基本终结。至图中 D 点时，多条均线形成聚拢形态并转而向上发散，"形和势"完美统一，于是回调结束，升势重启。

在主要上涨趋势的中后期，中、长期均线与价格之间的距离逐渐拉近，遭遇到一些角度较陡直的次级回调行情，价格会跌破包括 120 日、250 日均线在内的均线系统的支撑，这种情形下次级回调的时间与空间测量相对难度较大。如在图 4-14 中，A 点价格跌破 250 日均线的支撑，价格回抽 250 日均线受到压制后再次下跌，这种情形很容易让人认为主要趋势发生扭转，但是之后价格逐步回升并重新得到均线系统的支撑，上涨趋势继续保持。

图 4-14　次级回调的测量（长春一东）

对于类似于图 4-14 中的情况，以回避风险为主，中短线操作的资金不妨于 A 点离场观望；B 点时，价格回试均线系统的支撑力度后，才能确认次级回调的空间已经终结。实战中，B 点价格回试的动作一旦不能获得有效支撑而发生持续性下跌，将会就此确认主要趋势的扭转，所以从回避风险的角度来说，B 点出现之前过早地介入虽然有价格上的优势，但存在趋势不确定的风险。

从单一的均线理论很难对复杂的市场动态做全能的诠释，这也是单一种类技术分析的通病，同时也显现了多种技术分析工具共同使用相互验证的必要性。在后面的章节中，我们将谈及这方面的内容。

二、主要下跌趋势的测量

主要下跌趋势孕育于长期大幅上涨趋势的末期，在最初开始下跌的阶段，往往会被人们认为只是一波次级回调行情。很多人会选择持仓待涨的策略，而不是迅速清仓或积极转向做空，因此往往带来了资金的亏蚀，原因大多出自在主要上涨趋势中所形成的惯性做多操作思维。均线理论在一定程度上可以帮助我们发现和测量主要下跌趋势的启动时间与空间，为调整交易策略提前做好准备。

如图 4-15 所示，图中该投资标的经过了长时间的大幅上涨后，价格进入回落调整。在价格上涨的过程中适度地回落调整是一种正常现象，也是价格运行必然存在的形态，但是在主要上涨趋势运行的高位区域，价格回落调整超过一定的度，则必须警惕有可能发生趋势扭转。如图中 A 点，价格回落至 60 日均线，低点下探至 120 日均线，仅就这种形态来说，并不必然意味着主要趋势由此扭转，但是随着价格渐渐失去 60 日均线对其的支撑，重心最终向下滑落并跌穿 120 日均线，在 250 日均线上暂时止跌，之后价格回抽 120 日遭遇压制，这个时候的"势"已经很明确地显示出价格正在发生崩塌，任何的支撑都将不复存在。测量趋势扭转的时间与空间，并不以下跌的"形"看空，也不因上涨的"形"就看多，而是关注"势"的发展。图中 A 点的"势"，就已经昭示主要上涨趋势到了扭转的时刻。

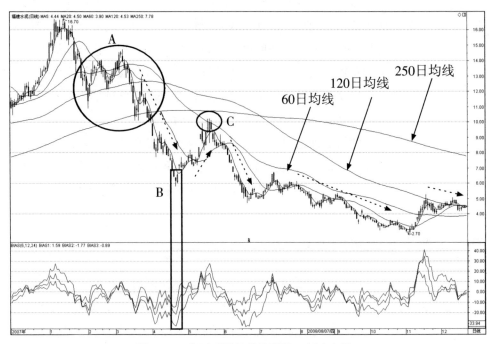

图 4-15　主要下跌趋势的测量（福建水泥）

　　我们要讲的主要趋势扭转的时间与空间测量，绝不仅仅是指那一条均线被跌破；均线关口的破位固然重要，但是确定价格趋势扭转的不是某一条均线，而是价格内在的运行动力，均线只是起到参照和衡量的作用。

　　价格内在的运行动力，就是我们一直强调的均线技术分析中的"势"。如图 4-15 中 A 点开始的回落整理，应当能够起到支撑作用的均线系统支撑力度微弱，压制力道却在增强，整个均线系统的"反水"无疑指明了价格内在动力的运行方向。在主要上涨趋势长期大幅上涨的高位区，均线系统失去支撑力度的表现，也就告诉了我们主要趋势扭转的时间。

　　图中 B 点，均线与价格以大于 45°角下跌，过于急促的下跌使得负乖离率值快速增大，由此诱发了价格的超跌反弹。B 点开始的这个次级反弹在触及下行状态中的 60 日均线时宣告终结，见图中 C 点。

同样在图中，主要上涨趋势成功扭转为主要下跌趋势之后（见图中 A 点），投资者的操作策略就应当由做多为主转为空仓或做空为主。主要下跌趋势成形之后，下跌的角度会有改变，如图中由最初的大于 45°角下跌，之后角度逐渐减小，价格的波动也随之变得平缓。投资者可根据前面讲过的下跌角度的相关理论进行的操作。

对于主要下跌趋势的运行空间测量，仍要坚持以趋势发现法的原则来进行研判，不宜把主观预测当作交易的唯一依据。

第五章　移动平均线与 K 线的攻守方略

　　均线与 K 线是技术分析中应用最为广泛的两种形式，K 线代表的是在某一单位时间内价格的变化情况，而均线所表现的是某一时间周期内市场的平均持仓成本。它们之间的形态与关系能够较为直观地反映出价格内在变化与波动趋势。分析均线与 K 线之间的形态与关系，对于揭示和把握价格的运行规律有着极为重要的启示作用。

第一节

K 线与均线的组合图谱

一、七种基本组合形态

在投资市场上不同品种的所有交易中，既没有攻击上永远的所向披靡，也不存在防守上永远的固若金汤，唯有攻击与防守的同时存在，此消彼长是一个永恒的主题。

攻与守存在于不断变化的状态中，也由此构筑了价格的循环往复，通过分析 K 线与均线的组合形态，于细节中我们能够探知和发现价格的微妙变化。当然，这种细节形态上的变化，并不必然会引起趋势上的变化，但是趋势上的改变，则必然从细节处开始。

1. 顶线

顶线是最为常见的一种形态，这种形态的特征主要表现为在 K 线向上攻击一旦触及均线附近时，便结束攻势转而下跌。如图 5-1 所示，图中圈处 K 线每一次触及到 5 日均线附近时，都会发生幅度不等的回落。

图中顶线形态的技术含义，一方面反映多方在市场上并未完全放弃攻击；另一方面 K 线的上攻连 5 日均线都不能成功收复，显示出多方的孱弱态势，该组合形态告诉我们，类似于图中的上攻只会消耗多方的上攻能量，不但无法突破趋势还会在多方能量消耗殆尽时，出现快速下跌。但是在实战中需要注意的是，一些主力资金会利用顶线的形态来清除不稳定筹码以及短线交易者，然后出人意料地突然拉升。仅就该形态而言，顶线并不具备趋势上的确认作用。

2. 压线

压线，是指 K 线形体较小且依附在均线附近缓慢运行的一种形

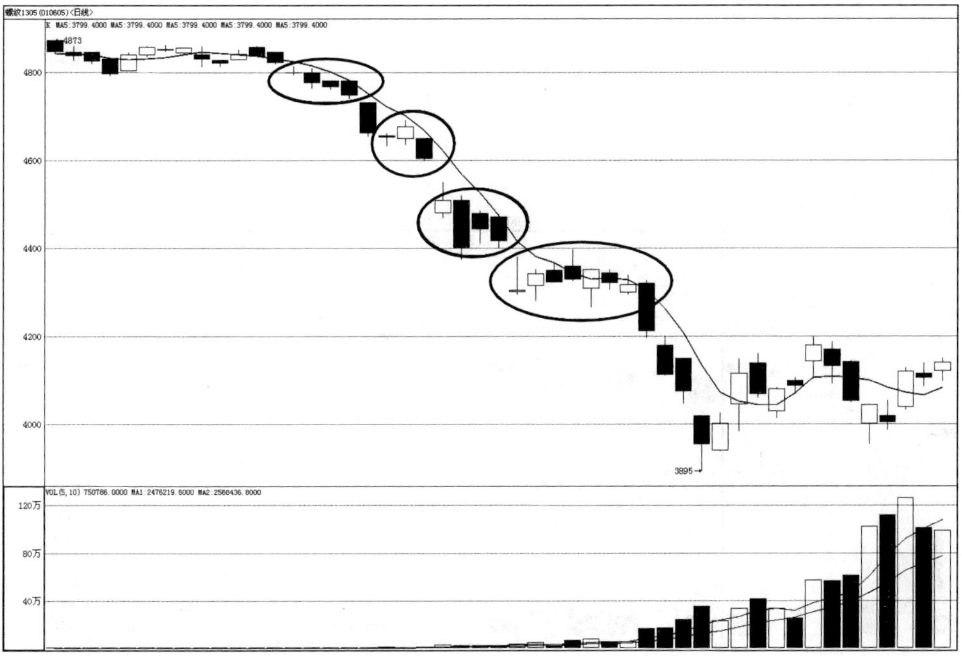

图 5-1 顶线（螺纹钢）

态。它是就 K 线下压均线的具体形态而言，通常来说这种形态有利于清除不稳定筹码和积蓄上涨的动能，但在顶部阶段出现压线往往是空方发起攻击的前兆。

如图 5-2 所示，图中 A 点连续出现压线后 K 线最终迎来一波升势。对于大部分投资品种而言，压线都是一个常见的形态，它并不是看涨或看跌的典型形态，而是一个等待演化的形态类型。

3. 穿线

穿线，顾名思义是指 K 线向上或向下穿越均线，但是只做短暂停留便再度下跌或上涨。经常出现于诱多、诱空或者盘底、盘顶的过程中，比如在黏合、聚拢形态中就频繁存在。

如图 5-3 所示，图中方框处即为向上的穿线形态。向上的穿线与顶线的区别，主要在于 K 线的实体部分是否处于均线上方。向上的穿线的技术含义与顶线相仿，只是其攻击强度略高。应该说在实战

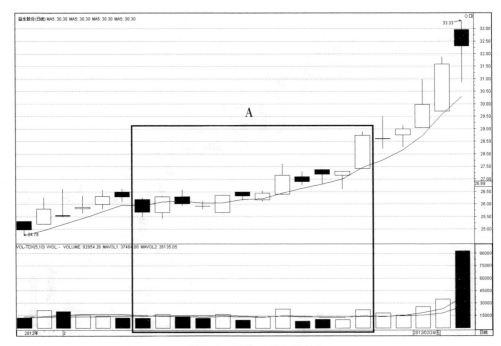

图 5-2 压线（益生股份）

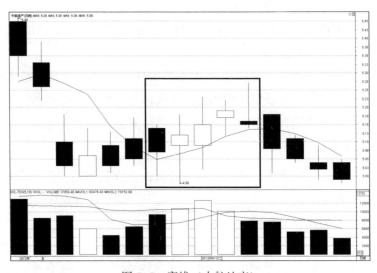

图 5-3 穿线（中航地产）

中，向上的穿线出现频率也非常高，不同行情阶段出现的上穿线形态，在技术分析上其意义有较大的区别。

当上行趋势运行一个阶段之后，随着持仓者兑现利润的欲望逐渐高涨和控盘主力清理浮筹、清仓出局等多方面的需要，K 线会出现很多次回落。这些回落多会在短期均线附近结束，我们称之为向下的穿线。

向下的穿线和回试线有相似之处，但回试线多出现在突破阶段，虽然从技术上讲回试线也具有向下的穿线的部分功用，但是其主要特性还在于确认支撑上。向下的穿线只是 K 线和均线短期的一种组合形态，它和主要上涨趋势中出现的次级回调在某些阶段有相似的作用，但是二者并不完全等同，次级回调必然由向下的穿线开始，但向下的穿线并不一定都会演化成为次级回调。

如图 5-4 所示，图中在 K 线的连续上行过程中，先后出现 A 点、B 点、C 点、D 点四次明显地向下的穿线，回落的 K 线大都在 5 日均线或 10 日均线附近止跌回升。

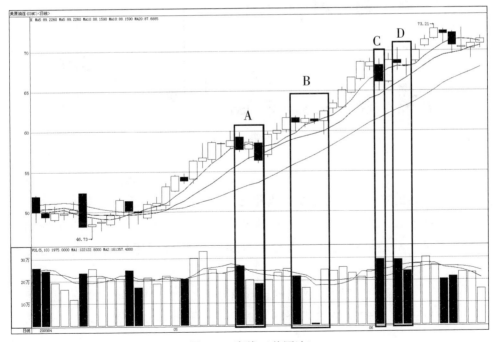

图 5-4　穿线（美原油）

4. 突破线

突破线可以分为向上突破和向下突破两种类型。突破线和穿线很相近，二者的主要区别在于：穿线形态中 K 线越过均线只是暂时性的，而突破线会受到这条均线的支撑或压制。这里所提及的突破的概念，仅仅是指短周期 K 线与均线形态而言，并非泛指趋势突破。

图 5-5 中，A 点出现顶线，之后的 B 点 K 线出现一根中阳线的穿线，K 线回落时跌破均线；C 点出现大阳线的向上突破线，回落并未跌破均线，同时均线转势上行。

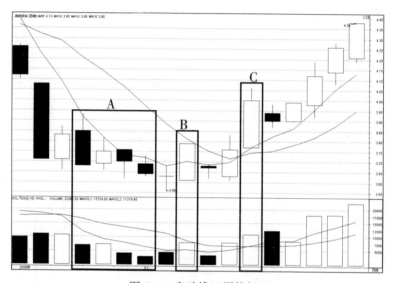

图 5-5　突破线（深纺织）

图 5-6 中 A 点，是一个向下的突破线，以一根大阴线一举击破均线的支撑，之后均线迅速随之下行。无论是向上还是向下的突破线形态，都至少说明当前的价格格局正在发生骤变，虽然这个变化可能不是趋势上的，但对于短期的价格运行还是会造成一定的影响。

突破线出现后，价格的运行趋势随之改变的概率较高，所以对于突破线的出现，在技术分析上要予以重视和细心追踪观察。

图 5-6　突破线（露笑科技）

5. 回试线

通常来说，一些重要的均线关口出现向上突破之后，都会随之出现一个回落确认的动作，这个回落的动作能够测试均线的支撑力度并借以和穿线区分开来。承担回落确认任务的这个 K 线和与之相对应的均线，就被称之为回试线。如图 5-7 所示，图中 A 点是在突破线之后出现的一个回试的动作，在得到均线的有力支撑、确认突破成功后，价格开始上行。

实战中，回试线并不是必然紧随突破线之后就会出现，甚至在价格飙升的个案中，回试线仅仅存在于分时图中的某一时段，在日线上回试通过下影线来显示。

6. 回抽线

回抽线是指重要的均线关口出现向下突破之后，有些会随之出现一个反弹的动作，这个反弹的动作能够测试均线的压制力度和确认向下突破的有效性。承担确认任务的这个 K 线和与之相对应的均线，就被称之为回抽线。如图 5-8 所示，图中 K 线向下突破后，A 点的两根 K 线都出现上影线回抽均线的情况。当 K 线回抽均线受到压制并无力发起向上攻击时，则确认向下的突破有效性。

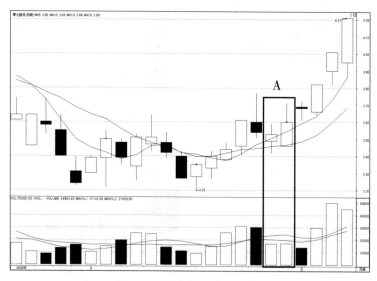

图 5-7　回试线（零七股份）

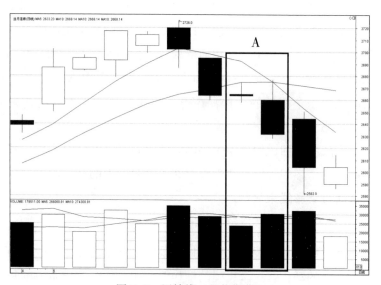

图 5-8　回抽线（股指期货）

7. 拉线

在常规的向上或向下攻击形态中，突破线出现后往往有一个回试或回抽的动作（回试或回抽并不是必然存在的形态），之后价格才开始迅速向上或向下攻击。K 线的迅速上涨或下跌，必然使得均线开始跟随，最先有反应的是短期均线，然后是中期、长期均线，均线的角度以及通道等技术形态将会由此逐步产生。

如图 5-9 所示，图中随着 A 点 K 线对 5 日均线的突破和回试结束，拉升开始；K 线的逐步攀升，使得各周期均线逐次、按序排列，上涨角度等技术形态开始显现。

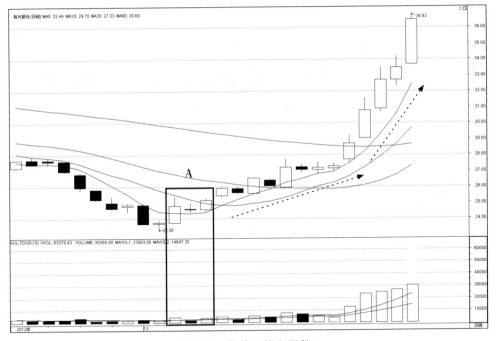

图 5-9　拉线（裕兴股份）

而图 5-10 中 A 点，所显示的是向下突破线以及一个连续回抽均线，均线由支撑转化为压制的过程。之后 K 线展开下跌，使得各周期均线逐次、按序排列，下跌角度等技术形态开始显现。

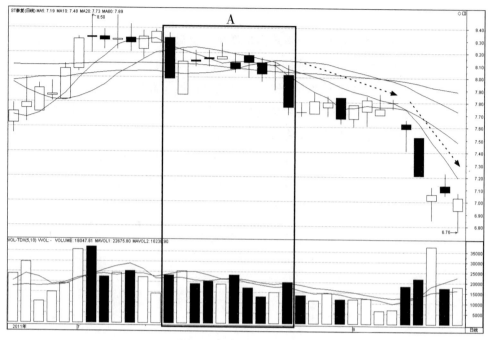

图 5-10　拉线（ST 泰复）

二、形态的循环与转化

　　K 线与均线的组合形态，是价格最基本最原始的变化类型，不少均线与 K 线方面的技术分析理论都脱胎于这种组合形态的变化。价格在实战中的变化形式，往往表现得复杂、多样和善变，但是其核心的技术原理仍旧脱不开最基本的组合形态，即所谓万变不离其宗。

　　上节所谈到的 K 线与均线的七种形态，其实就是价格在运行中借用 K 线与均线的形式所表现出来的转化与循环的关系。这些形态之间的关系，并不是对立的和程序化的，而是灵动的且时刻处于相互转化与循环的过程中。

　　如图 5-11 所示，是一个相对完整的价格循环过程。我们通过分析这个循环过程来进一步讲解实战中 K 线与均线七种形态的变化与转化。

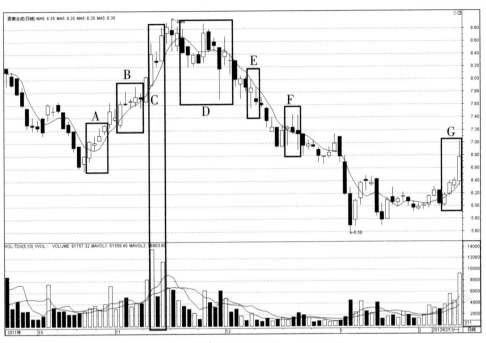

图 5-11　形态的循环与转化（西南合成）

　　图中 A 点，是突破线和回试线合二为一的一种表现形式，其中的回试线是以上下影线的方式出现，也就是说回试基本是在盘中完成，在级别较小的上升趋势中，回试线大多以这种方式出现。

　　B 点出现的是压线，压线在一些上升角度较为陡直的行情中，不会有明显表现形式，而会采取盘中下影线或开盘低开的方式。压线和顶线是两种含义相近、方向相反的组合形态，它们并不必然具有某种方向性的判断，而只是等待转化的一种技术形态。

　　C 点的中阳线，具有拉线的特性。前文讲过，拉线会使很多 K 线与均线的技术形态逐渐展现出来。拉线并不仅指如图中 C 点的中阳线，在从 A 点开始的上涨过程中具有拉升均线作用的 K 线都具备拉线的特性。同时拉线还有一个加速逆转的特性，连续大阳线或大阴线的拉线出现后，随着乖离率的增加，K 线往往会产生方向上的逆转。

　　D 点的第一根带上影的阴线，从技术分析的角度来说这根 K 线下穿均线后，在下跌过程中并未远离均线，通常来说应被视为下穿线；之后 K 线收复均线又跌破均线，向下的突破线这时已经显露无遗。如果我们事后来分析 D 点的第一根带上影的阴线，可能会有人认为这根 K 线应该被认定为突破线而不是下穿线，但是在实盘交易中这种认定未免有失武断。图中设置的是 5 日均线，短周期均线和 K 线之间的穿线是一种常见的类型，如果把每一次穿线都认为是突破线的话，投资者在持仓取舍上的轻率决定必然会影响到利润的积聚。实战中遭遇类似 D 点的第一根带上影的阴线的下跌时，从"形和势"理论上来说，只要 K 线并未远离均线，那么下穿线很少会直接转化为突破线。

D 点的最后三根 K 线分别是突破线和回抽线，一般来说，即便是短周线均线和 K 线组合形态出现的突破线和回抽线，一段短期下跌也是无法回避的。

E 点是较为典型的顶线，F 点是上穿线，G 点则是向上的突破线，意味着一个旧循环的结束和新循环的开始。

第二节

顺流与逆流

一、K 线、均线的顺流与逆流

顺势而为是一句耳熟能详的投资格言，很多人也都知道其中的含义，即根据价格运行趋势进行交易，比如在上涨趋势中做多，下跌趋势中做空；还有一句同样著名的投资格言——逆势而为，对于逆势而为理解上的偏差，往往是投资者遭遇交易失利的重要原因之一。

一些投资者容易把逆势而为简单地等同于与趋势相逆反的交易行为，这是投资者热衷于捕捉趋势拐点的思想与理论根源，也是投资交易中的致命误区。逆势而为并不是要求投资者与市场趋势相逆，而是与市场投资大众的普遍心理趋向相逆，这才是逆势而为的真正含义。正确理解和应用顺势和逆势的交易理论与法则，是投资者赚取盈利的基础。而利用均线和 K 线的组合形态，能帮助我们更好地发现和分析顺势与逆势投资的关键点。

在笔者的均线和 K 线的组合形态理论中，把 K 线与均线运行方向一致时，称之为顺流；把 K 线与均线运行方向相逆时，称之为逆流。K 线与长期均线系统运行方向一致，为市场的主形态；K 线与中短期均线系统运行方向一致，为市场的次形态或短期形态。

如图 5-12 所示，图中 A 点 K 线整体运行于上涨趋势中和长期均线基本保持一致，即为顺流，说明这时的市场主形态为上升；在 A 点与上升的主形态和长期均线相逆的一些回落，则为逆流和次形态。B 点，K 线整体运行于下跌趋势中和长期均线基本保持一致，即为逆流，说明这时的市场主形态为下跌；同样，在 B 点与下跌的主形态和长期均线相逆的一些上涨，则为逆流和次形态。

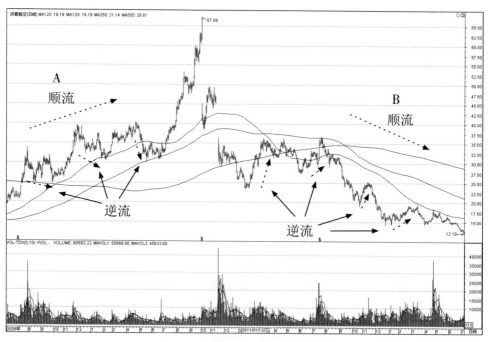

图 5-12　顺流与逆流（洪都航空）

确认 K 线与长期均线系统的主形态，是投资者建立相应投资策略的前提条件。例如，在一个上升趋势为主形态的市场中，投资者当然应以做多为主要的策略和行为方案，同时在参与其中的次级回调（逆流）行情时，就应该控制好做空的尺度和界限。

K 线与长期均线系统的主形态，也是投资者鉴别自己的交易行为是顺势而为还是逆势而为的一个标尺。通常来说，符合主形态的顺势而为应当成为投资者的主要投资策略，而参与逆流次级形态的行情，则是逆势而为（相对逆流次级形态而言则是顺势而为）。

二、逆流的操作

在主形态运行中会出现的一些时间较长或幅度较大的逆流次形态，对于逆流形态的操作风险投资者必须要有足够的心理准备，同时掌握逆流的操作要领也是必不可少的。

　　如图5-13所示，K线与均线为顺流下跌的主形态，在这个前提下投资者必然是以做空为主要的交易策略，但是其中发生的一些逆流（次级反弹）可能会给投资者带来方向上的困扰。如当图中A点和B点的反弹发生时，投资者可能会心存趋势是否在发生扭转之类的疑虑，或者知晓面对的是一波次级反弹却不知如何操作。在之前的章节中我们讲过次级反弹的一些内容就不再重复，本章从顺流、逆流的角度来理解和分析关于次级反弹的操作思路。

图5-13　逆流的操作（美元指数）

　　图中A点和B点，60日均线和250日均线基本呈下行的态势，在这种均线条件下K线的上涨只能被视为与中长期均线之间的逆流，但是K线与5日均线和20日均线之间却保持着顺流的关系，这种逆流与顺流同时存在的情况就是我们分析和判断行情趋向的关键。

　　有主形态的顺流，才会有所谓次形态的逆流。当逆流运行至代表主形态顺流的重要均线关口时，逆流往往会终结并转化为顺流，如图中K线穿越60日均线后，根本无心也无力挑战上方的250日线，K

线出现疲软的迹象，往往是转多为空的时机。从 K 线与 5 日均线、20 日均线之间顺流的关系来说，这种短周期均线与 K 线之间的顺流关系，其持续性往往非常脆弱，一旦失去顺流的关系且短期内不能有效恢复并维持，则意味着整个反弹结束重新进入到下跌的主形态中去。

三、顺、逆形态的转换

无论是顺势而为还是逆势而为，都是在确定趋势的基础上进行的。顺流与逆流总是随着价格的变化而变化，并非永远恒定的。逆流的次级形态可能会在运行途中终结，也可能会在运行中得到强化和扭转，由此从逆流转化顺流，次级形态生成为主形态。

如图 5-14 所示，图中 A 点是在下跌的主形态下出现的一波逆流的反弹，最终这个次级的逆流难以抵抗下跌的顺流，趋势重新转而下跌；B 点最初的上涨，从形态的角度来说也只是一个次级的逆流，但

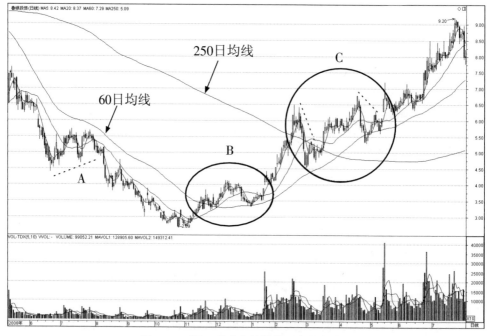

图 5-14 顺、逆形态的转化（鲁银投资）

是随着行情的发展，我们发现这个逆流开始出现变化，比如在重要的均线关口60日均线上，出现了突破线并在回落中得到强力支撑。到了这个阶段，我们就应当重新审视B点逆流行情的性质，至少从B点出现回试线和压线之后K线的强势表现上，我们可以认定B点的逆流正在转化为顺流行情。

图中C点，K线突破了下行中的250日均线后，出现了两次剧烈的回落如果来自于B点的上涨属于逆流的话，那么C点的这两次回落，将会彻底终结这个级别巨大的逆流行情，但是事实上震荡之后不久K线与均线就继续升势。由B点开始的逆流行情，成功转化为顺流行情且次级形态也转化为主形态。

K线与均线之间顺流与逆流的关系，最明显的作用莫过于对投资者投资策略的制定有着良好的帮助。明辨K线与均线组合形态的顺流与逆流，至少能让我们清楚地知道自己在干什么？怎么干？尽可能地避免在价格的波动中迷失方向，甚至做出与大势对抗的错误行为。

第三节

支撑与压制

一、短线行情的支撑与压制分析

　　支撑与压制，可以说是K线与均线组合形态中最为重要的现象之一，无论是七种组合形态还是顺流与逆流的关系，都脱不开支撑与压制现象在实战中加以印证和确认。在前面几章的内容里，我们也一再谈及到支撑与压制在实战分析判断上不可或缺的作用，不研究K线与均线的支撑与压制现象，就难以真正地理解均线技术分析的实质与内涵。

　　不少人喜好交易中的短线搏杀，认为短线交易资金流动性好，见效快，但是往往因为缺乏技术上的分析判断能力，遭遇到的失利交易大多高于盈利交易。其实在短线交易中，如果能够切实地理解和掌握住K线与均线的顺流与逆流的关系、支撑与压制的现象，则并不需要什么神奇的独门绝技，也能获取一份不菲的收益。

　　如图5-15所示，图中均线设置为5日、10日、30日均线。短线交易有一个寻求契机的过程，而不能是因为你觉得该品种要下跌或上涨就匆忙下单。图中A点，K线拉升后出现压线形态，在上升途中的压线有试探均线支撑力度的含义，当支撑不复存在时下跌便水到渠成，于是K线跌破5日均线、10日均线。跌破10日均线后，出现了两个星线形状的回抽线，回抽线在这时出现的技术含义是测试均线的压制是否形成，没有压制，则K线必然回升，而图中A点，K线继续下跌并击穿30均线，说明压制已然存在。在短线交易中，当既有压线存在，K线跌破10日均线后又出现回抽线的情况发生时，则继续下跌是一个大概率事件。这种形态意味着短期均线的支撑已失，压制显现，做空是短线交易的唯一选择。

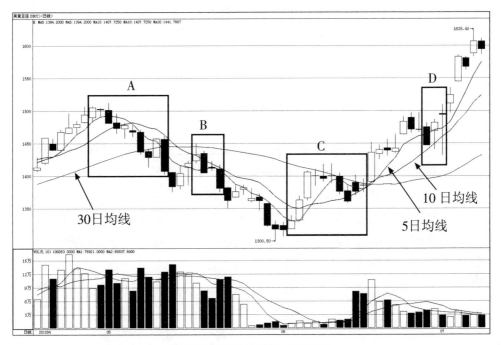

图5-15　支撑与压制（美黄豆）

　　B点时，短期均线空头排列整体形态顺流而下，K线三个交易日的反弹形成顶线，这种微弱而短暂逆流形态，显示出均线依然具有较强烈的压制作用。当均线的压制现象没有发生改变时，做空的应当不改初衷，等待的仍旧还需等待。

　　C点时，K线一跃而起连续穿越5日、10日均线，在下行的30日均线附近出现顶线，意味着K线的第一波上涨遇到压制。这个时候出现的压制是块试金石，能让投资者更好地识别这波上涨是一个微弱的逆流，还是一个较好的上涨波段行情。K线遭遇到压制后的回落过程中，能否得到支撑就是判断行情性质的关键因素，图中C点，K线触及30日均线下跌后，回试10日均线得到强力支撑，说明K线一直受到均线压制下跌的态势可能即将发生改变，10日均线支撑力道的出现就是一个重要的佐证。之后均线形成聚拢，K线迅速上升。短线交易的投资者应于此时转空为多。

D 点的三根 K 线都具有压线的特性，这个位置出现的压线具有测试支撑的作用，5 日、10 日均线体现出良好的支撑作用。既然支撑依然存在并保持足够的力道，投资者就应当继续做多，不必为 K 线的涨跌所囿。

二、中长线行情的支撑与压制分析

短线行情的分析和判断，考验的是投资者随机应变和对盘口即时解读的能力，而中长线行情则需要投资者具备多方面的综合能力，比如基本面解读亦或技术面的判断等。仅就技术面来说，分析 K 线和均线之间支撑与压制的现象，往往能够起到避繁就简和抓住问题核心的作用。支撑与压制的分析不仅仅适于用短线交易，在分析判断中长线行情趋势扭转上的作用也颇有独到之处。

如图 5-16 所示，图中采用的是 20 日、60 日、120 日、250 日中

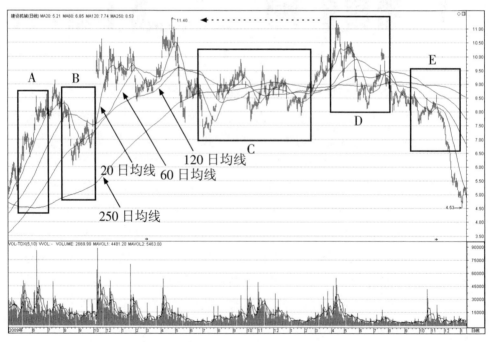

图 5-16　支撑与压制（建设机械）

长期均线。其中 A 点均线多头排列，K 线在 20 日均线的支撑下展开上攻。在中长期均线系统中，20 日均线是一个能够确认 K 线运行状态的指标。一般而言，上涨趋势中 K 线回落不破 20 日均线，说明 K 线正处于强势运行状态之中，则短期内行情无虞。

B 点，是一波次级回调行情，K 线连续跌破 20 日、60 日均线，在 120 日均线附近得到支撑，而下行的 20 日、60 日均线并没有因此形成较大的压制，K 线得以迅速恢复上行态势。在分析中长期行情上，均线和 K 线之间支撑和压制的关系不发生转化，投资者就不应随意改变操作策略。

行情在 B 点和 C 点之间保持整体上行态势，但是震荡的幅度开始加大，均线系统在进入 C 点后出现横盘形态，这种情况的出现意味着方向不明，K 线正在反复测试均线的支撑与压制作用，最终方向的选择决定于支撑和压制二者孰强孰弱。

D 点，K 线急速上行，似有确立方向的意蕴，但是最终挑战前期高点未果后 K 线颓然回落，之后 K 线虽然穿越数条均线，但是无力改变回抽确认压制形成的命运。E 点，均线系统形成空头排列，K 线虽然一度穿越 20 日均线，但是不能有效攻克 60 日均线的压制，此时 20 日均线能够提供的支撑必然是螳臂当车式的，难以抵御均线系统整体向下的强大压制。

当中长期均线系统和 K 线之间的支撑与压制关系发生转化，则意味着大趋势的扭转，投资者需要改变的不仅是交易行为，还包括投资策略。

第四节

实战中的攻守方案

一、十种 K 线与均线的攻守技术

K 线与均线的组合形态，是实战中最实用的技术分析类型。K 线与短期均线组合可以帮助我们捕捉短线的交易时机，而 K 线与中长期均线的组合能够使我们发现趋势上的变化，及早在投资策略上做好应对方案。本节列举十种 K 线与均线组合的攻守技术方案，皆来自于实战中的典型案例，这些方案包括短线交易和中长线交易的内容，意在让投资者举一反三、推陈出新而不是按图索骥。

1. 强势品种看通道

短线交易者买进强势上涨品种后，可集中注意力关注 K 线在 5 日均线、10 日均线之间的变化。当 K 线下跌时，即使跌破 10 日均线，只要 5 日均线不死叉 10 日均线，则说明本次攻击并未终结可继续持仓。如果 5 日均线走弱并死叉 10 日均线，高点追涨买入者此时应坚决减仓，因为本次攻击已暂告一段落，价格面临修整。如图 5-17 所示，图中 A 点 K 线跌破 10 日均线，但 5 日均线未死叉 10 日均线强势继续；B 点时 5 日均线与 10 日均线死叉，强势上涨暂告修整。

2. 孤军深入不可追

无论是指数还是个别投资品种，在一波急速上涨或下跌行情中，连续突破 60 日均线、120 日均线、250 日均线后，如果这时行情的运行方向和 60 日均线、120 日均线、250 日均线相逆，短线交易者此时决不可追随行情运行方向买入或卖出。没有中长期

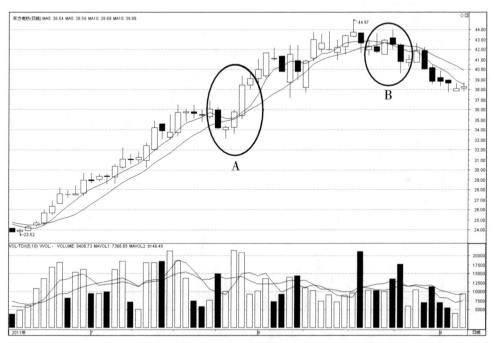

图 5-17　强势品种看通道（东方电热）

均线同向随行的行情，就如同孤军深入的先头部队，过度的冒进必将因粮草不济而颓然败退。如图 5-18 所示，图中 A 点 K 线一路上涨并穿越下行态势中的 60 日、120 日、250 日均线，但是这种孤军深入的急速上行却很难持久，如图中 B 点处行情不久便转势下跌。

3. 磨穿压制必有涨

　　K 线经过长期下跌或充分调整后，60 日均线基本处于水平状态。K 线沿着 10 日均线在 60 日均线附近进行窄幅震荡整理，当 K 线携量上攻且 10 日均线上穿 60 日均线之时，是短线做多的良机。如图 5-19 中 A 点处，60 日均线呈水平运行，K 线与 10 日均线在 60 日均线上下经过一段时间盘整之后向上突破。

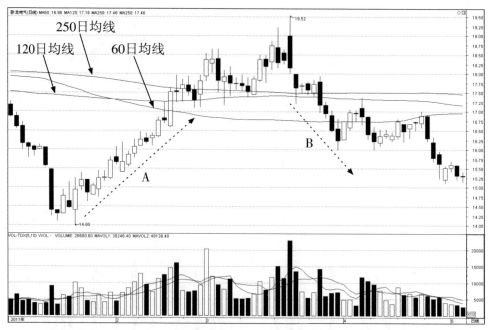

图 5-18　孤军深入不可追（卧龙电气）

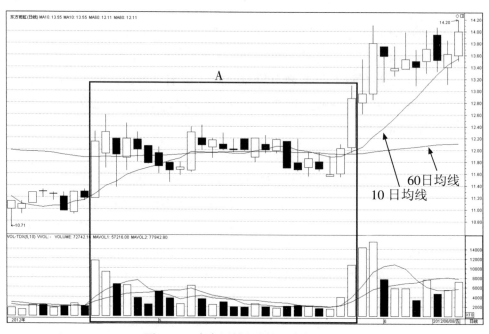

图 5-19　磨穿压制必有涨（东方雨虹）

4. 休整形态宜等待

　　一段升势之后 K 线滞涨回落，10 日均线弱势向下交叉 30 日均线。止跌企稳后，当 K 线带量上攻且 10 日均线转头向上二次穿越 30 日均线，是行情结束修整、重回升势的开始。如图 5-20 中 A 点处，沪铜在升势中出现的这种情况。一般来说，随着升势的延续 K 线下跌继而带来 10 日均线死叉 30 日均线的情况较为常见，但是投资者在实战中要注意两点：其一是这个死叉和再次向上穿越的过程不能太长；其二 10 日均线向下交叉 30 日均线时，30 日均线应为上行或水平状态，不应是下行状态，否则应警惕局面生变。

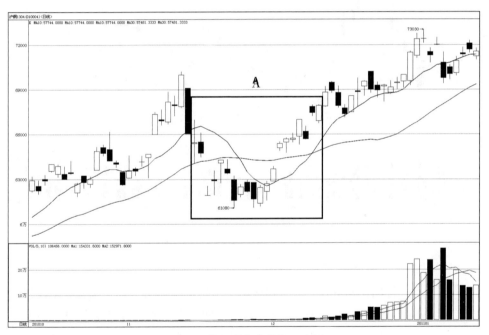

图 5-20　休整形态宜等待（沪铜）

5. 确认后期有涨势

　　在升势初中期，30 日均线上穿 60 日均线后又触及或跌破 60 日均线，随后再度上穿 60 日均线，之前无量运行的 K 线开始加大换手率且 K 线的低点逐步抬高，此后均线系统形成多头排列，这是升势确认形态，后市大多会有一轮强劲的上攻行情。如图 5-21 所示，图中 A

点30日均线上穿60日均线；B点时，随着K线的下跌30日均线向下交叉60日均线，在这个过程中，我们可以看到K线的低点不断抬升；C点时30日均线再次上穿60日均线，同时K线明显受到下方均线支撑，换手率开始出现大幅增加。一轮升势由此展开。

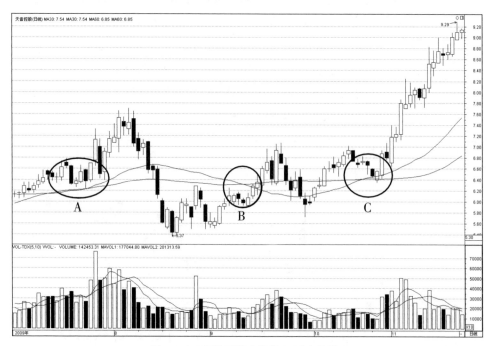

图 5-21　确认后期有涨势（天音控股）

6. 揭竿而起破僵局

长期大幅下跌之后，均线系统呈现黏合状态，成交稀疏，K线以小阴小阳和星线的形式长期盘桓于均线系统附近上下小幅波动，时间上一般持续半年左右。如果此时突然出现带量大阳线一举突破黏合状态的均线系统，则意味着价格将打破底部运行的僵局。这种形态的出现，只是说明底部或低位沉闷的格局被打破，并不必然立即就会有气势如虹的大涨，甚至某些投资品种还会故意向下运行，挖出一个散户坑后再转头向上开始升势。如图5-22所示，图中A点出现带量阳线并突破黏合状态的均线系统，但是行情并没有马上转入上涨，而是在B点挖了一个散户坑后才进入行情的上涨阶段。

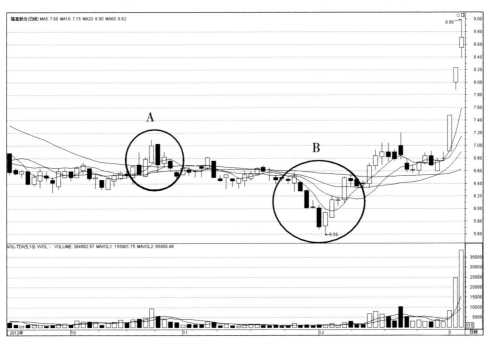

图 5-22 揭竿而起破僵局（隆基股份）

7. 长压短撑宜空头

K 线经过持续下跌后止跌企稳并重新开始上攻，但是上攻至 120 日均线时便遇阻回落，回落至 20 日均线时又开始上攻。随着 20 日均线的不断上移和 120 日均线的下移，K 线的波动空间日渐狭窄，若 K 线长时间不能有效突破 120 日线同时出现放量滞涨或换手率渐次收缩的情况时，则意味着短线的攻击力正在消耗减小，20 日均线的支撑力道必难以承受上方的压制，下跌将很快到来。如图 5-23 所示，图中 A 点 K 线一波下跌之后出现的反弹止步于 120 日均线，20 日均线虽然提供了一定的支撑，但是 K 线不能有效突破 120 日均线，20 日均线的支撑也就日渐消亡，最终继续下跌趋势。B 点时，再次出现 K 线攻击 120 日均线的情况，虽然 K 线数次穿越 120 日均线却无法实现真正的突破；120 日均线下行依旧，即便是 20 日均线也没能从 120 日的压制下转化为对 K 线的真正强力的支撑，这种情况下选择做空仍旧是最佳的方案。

图 5-23　长压短撑宜空头（美元指数）

8. 高位横盘应谨慎

在长期大幅升势过后，均线系统在高位区域相互缠绕、横向运行，K 线大起大落，成交量参差不齐，这时候应小心升势发生扭转。如图 5-24 所示，A 点白糖期货经过长期大幅的上升之后，在高位区域出现横盘走势，不久 K 线便向下滑落。在前文中我们讲过，维系这类横盘走势的是支撑与压制的转化关系，当支撑小于压制时下跌并无可阻挡。在价格高位出现的横盘，从概率上来说更倾向于空方的选择。

9. 回落难上新高点

在一轮升势中，K 线深幅回落至 120 日均线上得到支撑，重新上升过程中难以刷新前期高点，同时 60 日均线走平并不因 K 线重新上升而改变。K 线再度下跌时，120 日均线没有明显的支撑时，将是一

图 5-24　高位横盘应谨慎（白糖）

个沽空的机会。如图 5-25 所示，图中 A 点一波下跌在 120 日均线上得到支撑后止跌并得以重新上升，但是上升的高点却难以刷新前高点，于是 K 线再度滑落；B 点时，在 120 日均线下出现三个回抽线形态的小 K 线，则意味着支撑已逝、压制新生，这时沽空应是一个不错的选择；图中 C 点，是一个较为典型的 K 线走势，在趋势扭转的初期经常可以看到这种情况：即 K 线跌破重要的长期均线关口，随后多会出现一个反抽确认性质的反弹走势，这个反弹一般都会在所跌破的均线关口附近结束。

10. 三线定位保平安

K 线与均线组合形态用于实战时，日线系统是投资者建仓的第一分析点，日线系统时间上的优势，可以让投资者有一个较低的建仓成本；周线系统和月线系统是投资者建仓的第二分析点和持仓的依据。运用三个不同周期的系统上的 K 线和均线，发现和寻找其中的契合

图 5-25　回落难上新高点（北方导航）

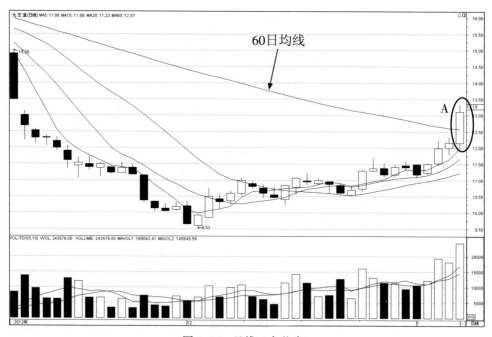

图 5-26　日线（九芝堂）

点，对于投资者建仓的选择和是否继续持有仓位有着重要的帮助。

二、解决均线滞后性的实战技术

在技术分析中，均线对行情反应的滞后性往往为人所诟病，但是从辩证的角度来说，正因为均线具有稳定性（或称之为滞后性）的特点，反而可以剔除行情运行中出现的大量杂波，避免陷入过度交易的沼泽。当然，肯定均线稳定性的优势，并不代表其滞后性的缺憾就会被全盘接受或完全漠视。对于均线的滞后性，在实战中我们可以采用分钟系统对行情反应较为敏感和迅速的特点来予以弥补。在实战中，日线系统上均线与 K 线表现出来的行情趋向，如果较为纠结难辨时我们不妨通过分钟系统来看看"微观世界"里发生了什么。

如图 5-26 所示，图中 A 点处是一根穿越 60 日均线的大阳线，在出现这根大阳线之前，K 线呈平缓上行状态，下行的 60 日均线对 K 线能否持续上涨带来了考验。仅就日线系统来说，K 线是在 60 日均线之下主动回调还是对其发起攻击，在图中 A 点大阳线出现之前并无确切的技术依据。如果我们尝试分析分钟系统里的相关数据，那么在 A 点大阳线当天开盘后的一段交易时间里，是否能够发现对 60 日均线突破的迹象呢？

1. 1 分钟

图 5-27 是图 5-26 中 A 点大阳线当天的 1 分钟 K 线图。图 5-27 中 A 点，是当天开盘后 K 线在下行的 120 单位均线下遇阻回落的情形；B 点时，约 10：00 ~ 10：30K 线突破上行，均线系统聚拢后多头排列、向上发散，能够看到 K 线受到明显的支撑。这个阶段只要 K 线一直处于均线系统的有效支撑下稳定上行，就没有任何卖出的理由，而且我们可以对当天的整体走势有一个相对乐观的估计。这一点从日线或分时图上就难以做出预测。

图 5-28 是图 5-26 中 A 点大阳线当天的分时图，图 5-28 中 A 点是开盘后至 10：30 时的走势情况，价格一直围绕昨日收盘线和均价

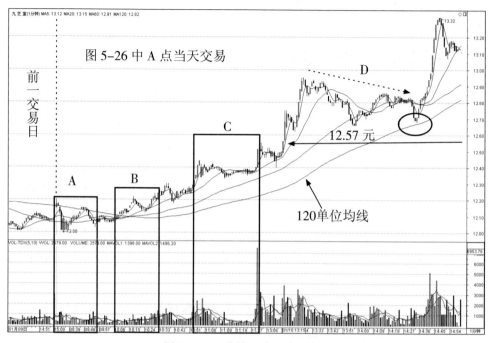

图 5-27　1 分钟 K 线（九芝堂）

线波动，并无明显的方向性提示。远不如 1 分钟 K 线图上告诉我们的详细和确切。图 5-27 中 C 点，K 线上冲后与持续上行的 60 单位、120 单位均线形成均线相逆形态，也即是一个小周期的逆流，我们讲过这种情况无碍上涨趋势的持续运行。图 5-27 中的 C 点，即在图 5-28 中的 B 点。

图 5-27 中，下午开盘后 K 线迅速冲高并穿越日线图中 60 日均线 12.57 元的价位。D 点（图 5-28 中的 C 点），K 线再次回调形成均线逆流形态，120 单位均线不改强劲上行的势头为 D 点的回调提供的支撑，最终 K 线再度上升构筑完成了当天的大阳线。

通过上面的分析可以看出，利用 1 分钟系统我们可以在较早的交易时段里获取相应的交易信息和数据，这一点是日线图和分时图所难以企及的，对于解决均线滞后性的弱点还是有所帮助的。但是仅仅依靠 1 分钟系统就确定我们的交易，在行情出现极端变化的时候，往往会使我们坠入过度交易的陷阱，所以在实战中多分析几个

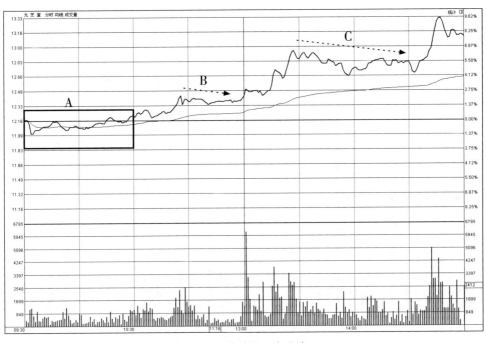

图 5-28　分时图（九芝堂）

分钟系统的提示情况，更有利于把握住行情的脉搏。

2. 5 分钟、15 分钟

图 5-29 是图 5-26 中 A 点大阳线当天的 5 分钟 K 线图，它的 A 点是开盘后 K 线逐步走出盘局的情况，均线系统也在这个点上逐步形成多头排列，对 K 线的上行起到了良好的支撑作用；B 点时 K 线回落，回落并未给均线系统带来紊乱和弱势表现，也由此印证了 K 线的回落只是一次强势调整性质的逆流形态。5 分钟图的分析也为 1 分钟图分析结论提供了必要的证明。

图 5-30 是 15 分钟 K 线图，该图中的 A 点，K 线结束了源自前一交易日的盘整，均线也于此向上交叉、多条均线保持多头排列的局势；B 点，K 线最低回落至 10 单位均线得到支撑，开始发力上涨。30 分钟和 60 分钟系统的表现与此类似，这里就不一一举例了。

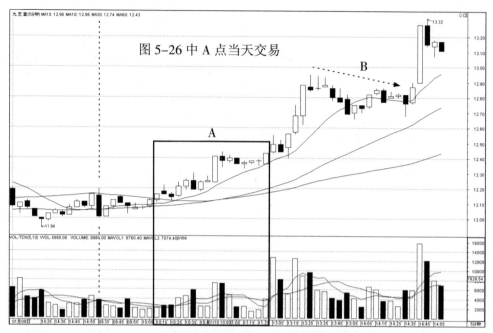

图 5-29   5 分钟 K 线（九芝堂）

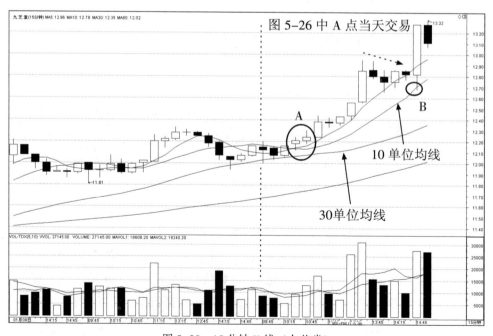

图 5-30   15 分钟 K 线（九芝堂）

从上述的分钟系统上，我们可以发现这些不同周期的系统能够起到相互印证的作用，比如对于图中提及的该投资品种在10：00左右确立当天强势上行的格局，不同的分钟系统的均线几乎都在这个时间段发出多头排列的向好提示。在盘整格局中，不同分钟系统中的均线并不会如此整齐划一给出统一的提示，甚至会做出相反的提示。这种情况也就预示着当前行情正处于盘整阶段和捉摸不定之际，并不适合入场交易。

第六章　量能催化下的移动平均线

　　量能总是处于聚集→释放→再聚集→再释放的循环之中，与 K 线和均线的起伏俯仰贯穿了行情运行的各个阶段。在均线起伏不定的"峰与谷"中，不同的量能分别起到何种作用呢？在量能聚集到释放的各个阶段，会对于均线的运行趋向带来怎样的影响？这是实战中投资者必须要搞懂的问题，也是本章讲述的主题。

第一节

量能不是均线趋向的决定因素

　　不管是在股票市场、期货市场还是其他投资交易市场中，量能都是一个不能舍弃的技术分析科目。关注和分析量能的变化，至少可以让你知道所选择的投资品种究竟是万众瞩目的热门品种还是无人惠顾的冷门品种，这是分析量能所带来的最低限度的收获。而作为一个投资者，所应该了解和理解的量能决不能止步于此。

　　如果说均线如水、K线似舟，那么量能就是其中的潮汐和暗流。有时候突如其来的量能，会使处于纠结中均线和K线的局面变得明朗起来，有时却会让本来明朗的局面横生变故。但是因此就认为量能能够决定均线和K线运行趋向，则会犯下本末倒置的错误。正如适宜的温度可以帮助鸡雏破壳而出，却不能决定一枚鸡蛋必然会孵化出鸡雏。量能不是均线和K线运行趋势的决定因素，但是它能够对均线和K线运行趋势起到加速或延缓的催化作用。

　　如图6-1所示，图中A点经过一波下跌之后K线出现小幅反弹，B点随着成交量迅速大幅增加，K线上涨速度加快，出现中、大阳线，量能在这里对价格的上涨有着明显的加速作用。K线经过B点的拉升之后出现短期回落，图中C点成交量再度放大，K线却未能在量能增加的配合下连续攀升，其中的长上影K线更是显示出上方强大的压制力，随后的价跌量缩说明C点只是一个起到延缓下跌的量能。这种以放量上升来延缓下跌的方式，在股票市场中往往是大资金常用的出货伎俩。

　　量能如潮汐般涨涨落落，均线和K线与之同向相随时，则使自身运行趋势得以加速；与之相逆时，则延缓趋势的运行速度。量能的增加或减少在均线与K线运行的高位（峰）和低位（谷），分别具有不同的含义，这些是下文中将要详细分析和讲解的内容。

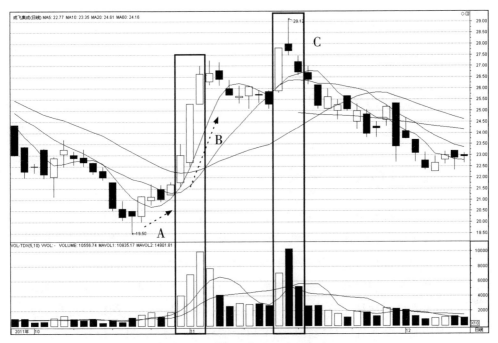

图 6-1　量能的作用（成飞集成）

第二节

量能，均线的催化剂

一、量能对均线关口的催化

上涨和下跌的趋势中，总会有一些能够起到支撑或压制作用的均线关口，K 线在这些均线关口上的表现，往往决定着趋势是继续维持还是就此扭转。在第二章中我们对均线关口的突破与否有一个认定标准：从压制状态发生突破之后，必须具备之后的价格运行受到支撑这个条件；而从支撑状态发生突破之后，必须具备之后的价格运行受到压制这个条件。量能在均线关口上的异动，对于均线关口支撑与压制作用的削弱或增强有着明显的催化。

下面列举几个在均线关口上量能的常见类型，它们在实战中会极其复杂和多样变化的，笔者文中所分析的只是其中一种，却并非仅此一种变化。变化，永远不会简单重复出现，但动态地利用技术分析原理，总可以发现相同的变化原理。

1. 减量上穿关口

如图 6-2 所示，图中 A 点的量能相比前期呈现出突然性爆发的情况，K 线也随之迅速上行，触及至下行的 60 日均线时，量能开始逐步减弱；B 点，在量能递减的同时 K 线却完成了对 60 日均线的"突破"。这种仅存于"形"的突破，就是量能对关口催化的结果。

通常来说，下行态势中的均线关口对于 K 线的上涨有着极强的压制力，图中 B 点的减量"突破"关口，与其说是突破不如说是穿越，其蕴含的市场内在含义是：经过 A 点的放量大涨之后，市场群体心理上对突破 60 日均线关口饱含期冀，尤其是 A 点的放量现象，更是让人格外憧憬入驻资金的生猛表现，由此催化出 B 点均线关口的"突破"。当市场的看多热情消减后，才发现量能并没有能够持续放大，K线也并没有连续大涨。量能催化后出现的减量上穿关口，原有的压制并没有全部有效地转化为支撑，所以行情往往只是昙花一现。

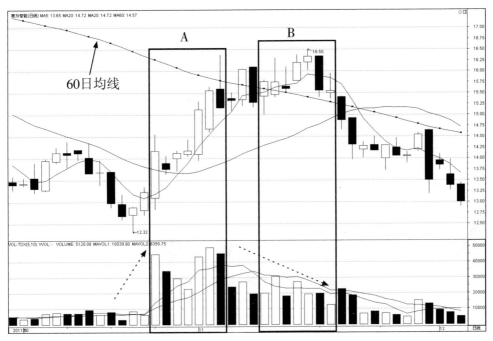

图 6-2　减量上穿关口（赛为智能）

2. 放量上破关口

如图6-3所示，图中A点K线小幅上穿60日均线量能微幅增加，之后K线缩量回落，在60日均线附近寻求支撑。A点K线第一次上穿60日均线，量能只是跟随K线而动却并未显示出其对K线运行的催化作用。B点，激增的量能使得K线突破60日均线并最终报收大阳线，显示出自A点以来对于均线关口原有的压制转化为支撑的有效性进行了确认。

图6-3中B点激增的量能出现在确认支撑之后，有着维持上行趋势的意义，这一点完全不同图6-2中A点的放量。在图6-2中A点激增的量能出现在均线关口之下，其技术含义较为模糊，既可能出现如图6-2中失败的突破，也可能几经蓄势之后走出真正突破的局势。

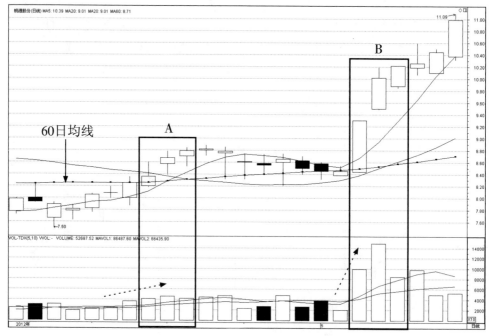

图 6-3　放量上破关口（朗源股份）

总体而言，图 6-3 中的放量上破关口有着更为明确的趋势判断上的意义。

3. 减量下破关口

如图 6-4 所示，图中 A 点左侧处于 60 日均线之上的 K 线实体都较小，而低开后从 60 日均线下上升的 K 线实体都稍大，这种情况所显示的是多方的无心恋战和对当前价位支撑力度的不断测试。在这个阶段量能一直处于增加之中，尤其是 A 点一个实体很小的阳 K 线，更是创下了近一个时期最大的日成交量。这是一个应当引起投资者关注的 K 线和量能表现，A 点这根 K 线是近 10 个交易日里实体最小的，但是成交量确是最大的，偌大的量能并未能激发出 K 线迅速上涨的动能，那么极有可能催化出向下的突破。A 点之后，K 线跌破 60 日均线下行，量能逐步缩小，显示出 60 日均线关口的支撑已被消耗殆尽，市场对当前的下跌走势并无太大的分歧。

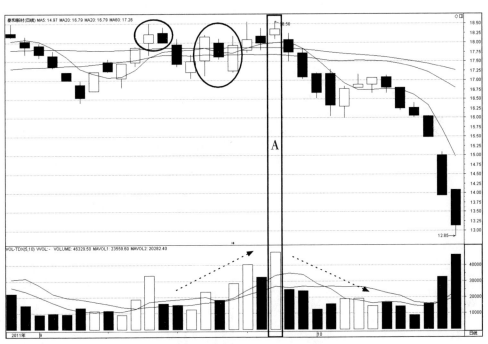

图 6-4　减量下破关口（泰和新材）

量能在某一阶段的过大或过小，往往预示着方向性选择的拐点即将来临。例如，上涨过程中，大的量能未能带来 K 线的大涨，则意味着量能可能会催化着跌势的到来；在下跌过程中，大的量能未能带来 K 线的大跌，则意味着量能可能会催化着涨势的发生。

4. 放量下破关口

如图 6-5 所示，图中 A 点 K 线的一波缩量回落在 60 日均线上得到了支撑，之后 K 线开始回升，在这个回升过程中量能已经难以持续性放大，至 B 点量能增加，K 线跌破 60 日均线的支撑。

从 A 点到 B 点的这个过程中，K 线于 A 点获得支撑却无法获得量能的有效配合，也就是说量能未能催化上涨行情的发生和持续，而量能的萎缩显示市场的观望心理。A 点的减量下跌可以得到支撑，B 点 K 线的增量下跌测试出 60 日均线关口的支撑并不牢固，并由此催化出下跌的持续状态，部分观望的持仓者开始选择卖出。B 点之后，量能出现再次萎缩又再次放大的情况，也正是催化下跌行情、持仓者失望情绪蔓延的表现。

图 6-5　放量下破关口（东华科技）

上述的四个类型只是实战中常见的一些情况，因投资品种不同、市场环境不同，其后续表现并没有一定之规。笔者谈及这四个类型，意在讨论一种量能的分析方法和途径，并不是列举万能图例和必胜法宝，让投资者按图索骥便可坐收财富滚滚而来。世间永远不会有如此容易暴富的投资方法。

二、量能对趋势的催化

量能的聚集与释放，代表着市场投资资金在某一投资品种上由鼎盛至衰落、由衰落至鼎盛不断演化与循环的过程。量能的衰落—鼎盛循环，包含着七个阶段，而这七个阶段贯穿于整个趋势运行的始终。

1. 第一阶段

市场表现出的趋势尚未被投资者所觉察和确认，量能只是微幅改变或无改变，大体仍旧处于衰落过程中。如图6-6中第一阶段，这个阶段K线已经见底回升，但是趋势并不明朗，多数投资者不认为行情已经处于回升期，仍旧坚持看空的思路。

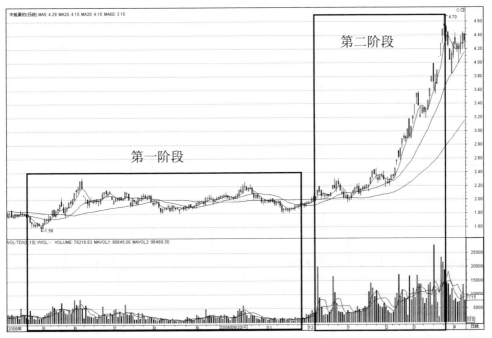

图6-6 量能对趋势的催化（中航黑豹）

2. 第二阶段

市场趋势开始显现，投资者觉察到这种趋势并付诸行动，于是当前的趋势被进一步催化。如图6-6中第二阶段，在这个阶段上升趋势已经很明确，投资者开始逐步转变思路，并加入到看多与做多的队伍中。

3. 第三阶段

市场趋势运行一段时间后，出现停顿、盘整、回落的局面，投资者处于疑虑、困惑与犹豫之中，量能大幅减少。这是一个对市场当前

趋势进行验证的阶段，之后方向的选择，将会被高度催化。如图
6-7 中第三阶段，这个阶段投资者往往会对趋势产生负面的猜测，诸
如行情是否已经结束，是否应该及时清仓离场等。

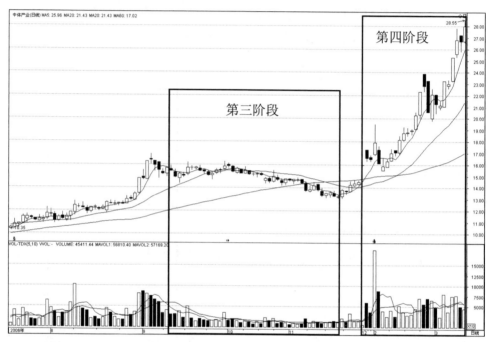

图 6-7　量能对趋势的催化（中体产业）

4. 第四阶段

市场趋势经受住了多方面冲击和考验，变得更加巩固。投资者信
心倍增，趋势被高度催化，量能进入到鼎盛期。如图 6-7 中第四阶
段，这个阶段行情刚刚结束调整并放量劲升，前期的阴霾被一扫而
尽，投资者进入到加仓或改变思路、全面转空为多的阶段。

5. 第五阶段

市场趋势依惯性上行，量能维持在鼎盛期平均值附近。如图
6-8 中第五阶段，这个阶段整体量能的平均值维持在较高值附近，也
最容易出现所谓的单日历史天量，市场情绪往往处于极端狂热中。

图 6-8　量能对趋势的催化（贵航股份）

6. 第六阶段

市场走势踟蹰不前，或开始逆向快速运行，量能不规则放大或缩小。投资者对后市的看法出现巨大的分歧，他们的信心正逐步消减并催化趋势加速扭转。量能最终步入衰落阶段中。如图 6-8 中第六阶段，这个阶段是量能从鼎盛转入衰落的时期，价格的波动幅度较为巨大、均线多处于盘绕、黏合形态或是已经开始向下发散。

7. 第七阶段

市场趋势发生逆转之后，在运行途中偶尔会有间歇性突放巨量的情况，大部分时间量能处于萎缩状态，这个阶段是量能的衰落期。如图 6-9 中第七阶段，在这个阶段量能更多地表现为对均线和 K 线的跟随，当量能萎缩到极限时，催化作用就会再现。

量能的鼎盛与衰落是一个不断循环往复的过程，在这个过程中，作为价格表现形式的均线与 K 线起到主导作用，但是在某一时段会受

图6-9　量能对趋势的催化（太龙药业）

到量能的催化而加速或延迟，在其他时间里量能只是在跟随均线与K线的运行增加或减少。

　　量能对于趋势的催化作用，并不代表量能鼎盛与衰落的循环过程和价格自身的循环过程绝对一致，更多的时候二者在大趋势上保持着相对的、有条件的一致性。

三、量能催化与升、跌幅测量

　　预测总是一个让投资者感兴趣的话题，然而脱离量价关系为分析基础的预测，皆如海市蜃楼般的虚无缥缈，那么不让人踏实。笔者所谈的测量并非预测，而是基于均线、K线和量能的关系与作用进行分析，并由此得出的推测或推论，仍旧是趋势发现法的范畴。

1. 升幅测量

　　如图6-10所示，在一波大跌后K线开始反弹，量能并未显示出

明显的变化。A 点，K 线和均线以大于 45°角、接近 90°角暴升，量能
也随之迅速增加。对于大于 45°角上涨的品种，我们在之前的章节中
已讨论过：上涨幅度上较为可观，但是在维持时间与周期上不会太
长。这是从均线形态上对升幅所做的测量。

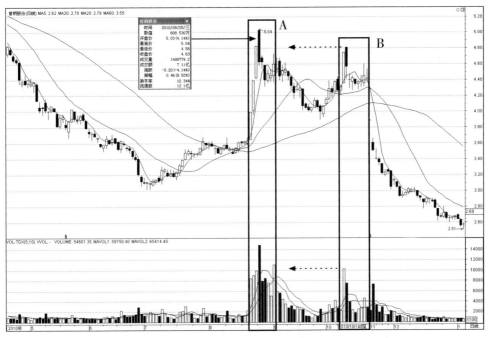

图 6-10　涨幅预测 1（首钢股份）

　　A 点单日最大换手达 12.34%，虽然算不上历史天量，也已经是
该投资品种历史上少见的巨量，但当日的 K 线却报收高开大阴线。巨
大的量能既然无法催化 K 线的迅速上涨，则极有可能会反向催化下跌
的加速来临。A 点巨量大阴线的出现对于短线交易者来说，无疑是一
个离场信号，投资者完全可以通过当天分钟系统的提示选择更理想的
价位卖出，而不必等到次日。如果说仅凭 A 点巨量长阴就确定整个涨
势的终结稍显轻率的话，那么 B 点的量价表现就足以印证涨势结束：
B 点 K 线高点与量能都低于 A 点，而放量长阴在一个次级反弹行情中
再次出现时，往往是投资者选择卖出的最后时机。

　　在涨幅测量中，量能的极端表现是一个值得注意的现象。所谓量

能极端现象，是指单日量能处于该品种的历史高值区域。量能的极端表现，说明多空双方对目前价位有极大的分歧或者是一些控盘资金故意对倒所为，无论哪种原因都说明目前价位存在不稳定性因素，价格将在目前的位置重新确定方向。

图 6-11 和图 6-10 是同一只股票不同时间段的量价表现。在图 6-11 中，A 点单日最大换手达 25.32%，可以说远超图6-10A 点的换手 12.34%，之后 K 线回落至 20 日均线附近便重新回归上升趋势，并于 B 点出现 K 线和量能双双突破 A 点的情况；图 6-11 中 B 点单日最大换手为 26.65%，可谓是历史天量，K 线在历史天量出现后，只是小幅回调然后继续上升。

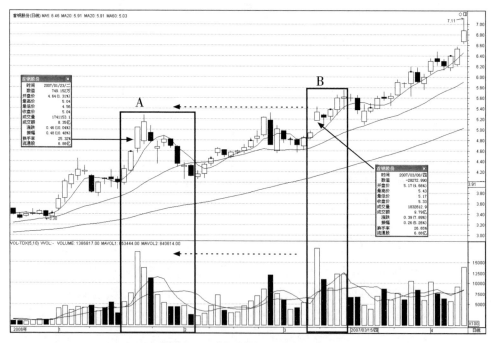

图 6-11　涨幅预测 2（首钢股份）

图 6-11 中两次出现量能的极端表现，但是涨势并没有因此而停止，反而渐入佳境，其中的原因何在？原因就在于我们之前提到的："量能不是均线和 K 线运行趋势的决定因素，但是它能够起到加速或延缓的催化作用。"即便是基于量能的涨幅测量，也并不能完全舍弃

均线和 K 线的趋势分析，换句话说，在均线和 K 线不同阶段出现的巨大量能，其技术含义却有天壤之别，而由此所做的涨幅测量其结果无疑会迥然不同。

我们对比图 6-11 和图 6-10 中的均线形态就会发现，图 6-10 中 A、B 两点是主要下跌趋势中出现的次级反弹的高点，在下跌趋势未能成功扭转之前，任何反弹高位放出的巨量都值得投资者高度警惕；而在图 6-11 中 A、B 两点出现于主要趋势扭转初期（为清晰显示 K 线与量能，图中未展示趋势扭转的部分），从"形与势"理论和趋势发现法上，我们可以很容易发现 A、B 两点历史巨量所起到的是催化上涨趋势延续的作用。

在一个 K 线与均线系统平稳运行（上升或下跌）的趋势中，市场的多空双方突然大打出手出现巨大分歧，几乎可以肯定必然是一场戏，主要演给不明真相的投资者看，由此带来的量能极端表现是为了制造恐慌或贪婪情绪，以满足骗局制造者的利益需求。投资者对于量能催化下的涨幅测量，应该持有一个沉着冷静且趋势分析为前提的心态与策略。

2. 跌幅测量

跌幅测量的技术原理和涨幅测量一样，是以量能的极端变化和增减趋势进行判断，同时结合均线和 K 线趋势进行综合分析，最终才能得出一个相对准确的测量结论。

在跌势初期，量能一般呈现忽大忽小形态，整体平均量能处于递减的状态中。跌势进行过程中，量能逐步减小但是偶尔会有单日或数日突放巨量的情况出现，量能来得快去得急，很快 K 线和量能都会归于平静，重新回归下跌趋势。这种情况下量能的极端表现对于跌幅测量并无太大的参考意义，大多是盘中资金的自救等行为所致。跌幅测量所关注的是萎缩到极限值的量能情况，同时也要关注 K 线与均线的变化和表现，综合分析并运用趋势发现法做出判断。

如图 6-12 所示，A 点该投资品种发生趋势扭转，开启跌势，从 A 点开始的下跌过程中，量能整体处于逐步萎缩的状态，只是其中有几次单日或数日突放巨量的情况（图中圆圈标示处）；至 B

点在一波明显的下跌趋势中，量能萎缩到下跌以来的最低值，而且这种缩量的状况保持了半年左右的时间，也就是说，K 线一直不断地下跌，但是量能萎缩到低值区域后已是凝滞不动。B 点这种情况就是进行跌幅测量所需要关注的萎缩到极限值的量能，量能极限值又被称之为地量，它的界定主要是历史低值参考和维持时间不少于三个月。在出现地量的同时，K 线如果表现如图 B 点有明显下跌趋势的情况，则基本可以肯定地量所催化的涨势必然会出现。如果在地量区域 K 线仅仅处于横盘状态，那么后市仍旧难以确定。B 点后，果然出现一波次级反弹行情。

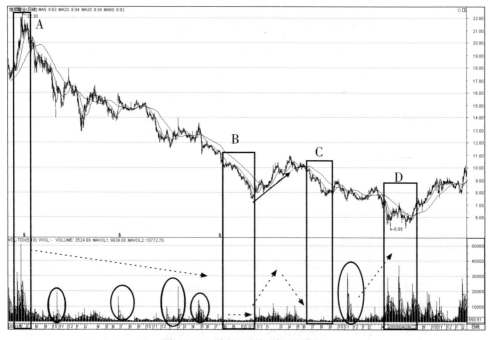

图 6-12　跌幅预测（恒顺醋业）

对于地量的认识上必须提醒投资者注意：在下跌趋势开始和持续过程中，量能的减少并不意味着跌势将尽，也和涨势来临没有必然联系，下跌并不必然需要量能的配合，无量空跌的情况在实战中并不少见。我们在跌幅测量上所提及的关注萎缩到极限值的量能，是有均线和 K 线趋势上的要求和条件的，总而言之，跌幅测量是趋势发现而不是凭空预测。

结束 B 点之后的次级反弹技术，C 点量能再次萎缩至 B 点相近的地量水平，但是 K 线并没有出现大级别的反弹或扭转行情，学过均线变速形态的投资者应该很清楚个中原因，这里不再赘述。值得我们关注的是 D 点。在 K 线的一波快速下跌中，D 点量能也迅速放大，而且这里量能增加的情况，明显不同于之前单日或数日突放巨量的情况（图中圆圈标示处）。D 点量能和单日或数日突放巨量的最大区别在于，它是有持续性的和累积性的，且缩小后会迅速回升，这种量能表现我们称之为堆量，而堆量在长期大幅下跌过程后出现，是典型的多头建仓信号。

D 点，K 线快速下跌量能迅速增加，说明多空对于这个点位开始出现巨大分歧。经过前期地量考验的多方终于厚积薄发。D 点量能整体的平均值明显高于整个下跌趋势持续期间量能的平均值，这是一个值得投资者格外注意的细节，它说明了什么已经毋庸置疑。但是在实战中可能投资者更为关注的是这个时期 K 线的下跌，而对量能的异常表现熟视无睹，因此失去了跌幅测量的终结点。

第三节

催化量与跟随量

一、均线峰谷的量能识别

价格的循环过程表现在均线系统上，则为均线运行中的起伏变化、构筑一个个高处的"峰"和低处的"谷"（图6-13）。前文讲过，量能自身也有一个衰落—鼎盛的循环过程，这个循环过程和价格的循环过程并不完全绝对地契合，尤其是在价格的中小级别循环上，量价的"差异"性显现得更为突出。这种量价的"差异"性，所反映的是量能所具有的催化与跟随两个方面的特性。

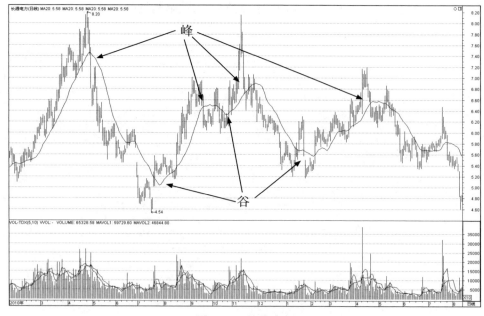

图 6-13　均线峰谷

1. "峰"位的催化量与跟随量

如图 6-14 所示，是均线与 K 线在一个短期走势中"谷到峰"的过程。A 点 K 线跃上均线升离谷底，A 点所标示的放量阳线起到了催化作用，之后一直至 B 点，量能只是跟随 K 线的涨跌而起伏。

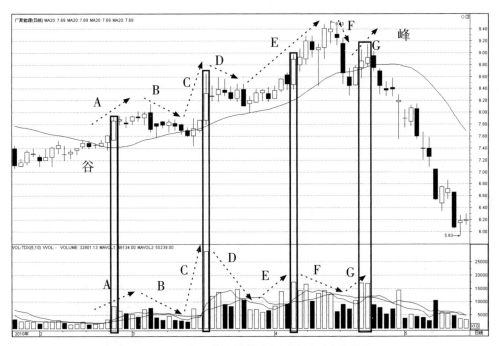

图 6-14 "峰"位的催化量与跟随量（广聚能源）

C 点突放巨量大阳线的出现，无疑催化了市场看涨的信心，但是接下来的 D 点和 E 点，量能又重回跟随价格起伏的节奏中。

E 点的 K 线维持了一个上升的走势，但是量能还是出现一点变化，改变了其之前的跟随性。E 点所标示阳线是量能的一个转折点，从这一点开始量能出现缩小，虽然 K 线还在上升。当 K 线在 F 点出现回落，尽管其中有较大的阴线实体，但是量能并没作明显的表示，还是处于自 E 点开始缩量状态中。量能不再跟随 K 线变化，摆脱了跟随性的量能意味着将会发挥出其催化的特性。

G 点，量能放大并达到 E 点时的水平，然而 K 线却既没有在放量的情况下出现漂亮的大阳线，也没有创出波段新高，而如图中 G 点处所标示，仅仅收出两根倒锤头线。这种情况下量能的催化作用，无疑是使趋势加速扭转。

在 K 线与均线的运行过程中，量能更多地显示其跟随性，而催化量往往出现在一些重要的行情节点上，当催化量不能给当前趋势提供助力时，必然会带来逆反作用。

2. "谷"位的催化量与跟随量

如图 6-15 所示，是均线与 K 线在一个短期走势中"峰到谷"的过程。A 点大阴线跌破均线，开始脱离均线峰位，A 点量能并没有过度放大，所以其催化作用并不明显，更多的是跟随 K 线的一种表现。

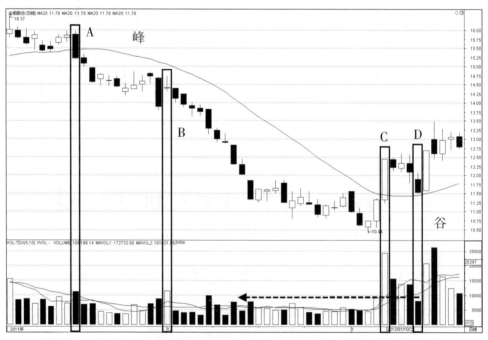

图 6-15 　"谷"位的催化量与跟随量（金钼股份）

B 点，K 线高开后上攻未能触及下行的均线、最终收长上影星线，而量能有所放大，在这一点上量能既然未能催化 K 线的上涨，那么反向作用必然会有所体现。

从 B 点到 C 点，量能只是跟随 K 线与均线的运行节奏而动。C 点收大阳线并突破均线压制，量能则急速突增，远远超越峰位下跌以来的平均值，催化作用显著。

D 点，是一个值得我们关注的地方。经过 C 点的放量大涨，K 线回落至均线附近，这时的量能发生萎缩，但是仍旧处于下跌阶段以来的平均值上方。D 点之后的量能和 K 线表现非常关键，图中量能再度放大、K 线收大阳是一个积极的做多信号。

在实战中，出现类似于 D 点的量价表现时，如果在接下来的交易日中，量能继续萎缩或保持在前期下跌期间的量能水平，则 K 线继续下探谷底的可能性极大。图中 D 点之后量能的迅速恢复增长以及大阳 K 线，可以说及时地催化了升势得以继续。

二、量能的转化与实战抉择

通过前面对量能的分析，我们可以了解到在均线与 K 线运行中不同量能属性的各自作用，在催化量和跟随量的鉴别与分析上，不能看到量能值较大就认为必然是催化量，还要同时分析 K 线和均线的相应表现。无论是量能还是 K 线或均线，孤立单一地进行分析往往会得出偏颇的结论。

催化量和跟随量是我们对量能在实战中表现出来的不同属性进行的划分，是基于量能是否具备助涨或助跌的特性所作的分类。催化量是能够推动价格选择或强化趋势的量能，跟随量是维持趋势的量能，这两种量能并不是单一存在的，而是相互转化的，它们之间的转化过程对于投资者分析和判断价格运行趋势有一定的帮助。

为了更直观地显示出量能的转化关系，我们选择分时图样式予以讲解。

图 6-16 是上柴股份某交易日分时图，图中可见开盘后价格横向移动于昨日收盘价附近，至 A 点量能增加，价格选择向下运行。可以说从 A 点至 B 点量能的催化作用还是相当明显的。在 B 点，当瞬间暴增的量能不能促使价格进一步走低时，反向的催化作用显现，价格开始回升。

B 点价格回升之后，量能的催化作用逐渐消失，取而代之的是量

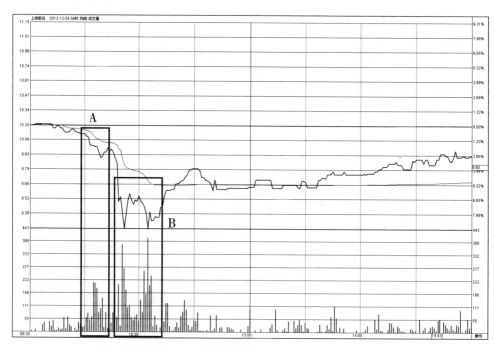

图 6-16　量能的转化 1（上柴股份）

能跟随价格浮动。这种量价表现说明，目前的回升仅仅是因为量能的一个极端表现所带来的价格波动，而并非价格趋势的真正扭转。当然，如果在之后的交易中量能再度发挥催化作用，并得到价格的积极回应，则回升就意味着趋势的扭转；得不到价格的响应，量能的再度放大则会起到反向催化的作用，价格必然继续下跌。

图 6-17 是上柴股份次日的分时图，图中 A 点开盘低开后价格有一个急跌后又急升的过程，之后价格在均价线上波动。至 B 点，量能逐步增加、价格辗转盘升，量价配合良好，显示出价格已经扭转了来自于上一交易日的下跌势头。

以上分时图的讲解，偏重价格和量能在细节上的变化，只在于简明扼要阐述量能的转化以及与价格之间的关系，而并非突出分时图的重要性。量能在较长时间周期上的整体表现在趋势分析上的意义，远远大于某个或几个交易日量能短期变化的情况。

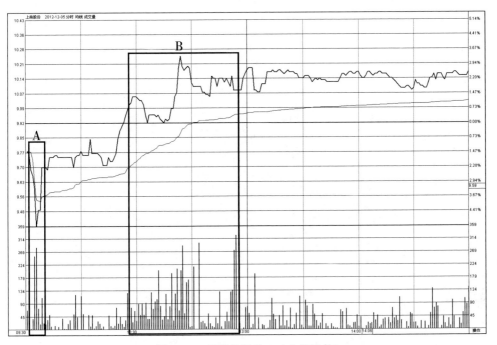

图 6-17 量能的转化 2 (上柴股份)

第七章　移动平均线与指标的契合战法

　　在技术分析中，指标的作用是有目共睹的。但是单一的技术指标往往囿于自身缺憾难以面面俱到和处处适用，所以在实战中运用多个技术指标相互印证、互为助益，对于行情的甄别和判断大有帮助。本章以均线和其他技术指标的契合性为切入点进行分析讲解，从指标之间的契合程度上揭示价格运行的密码与轨迹。

第一节

均线与 BOLL 的契合分析

一、布林线（BOLL）简述

布林线指标（BOLL）由三条线构成，其中上下两条线可以分别代表着价格的阻力位和支撑位，中间一条是平均线，价格大多数时间会运行于阻力位和支撑位所形成的通道中，如图 7-1 所示。

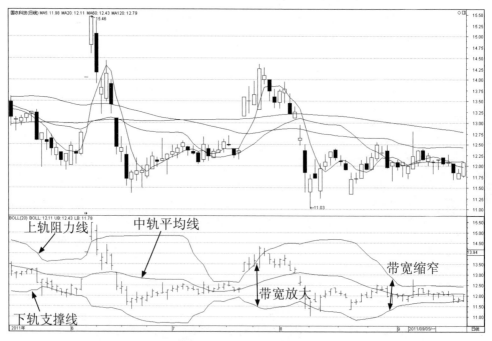

图 7-1　布林线（国农科技）

布林线通常的应用规则是，当价格向下击穿支撑线的时候买点出现，而向上击穿阻力线卖点出现，中间的平均线代表着一个趋势的发展方向。在实战中，我们会发现布林线的这个应用规则却往往并不完全适用，而只是在行情处于趋势维持或横向盘整阶段有较好的指示作用。在一轮急速下跌趋势中，击穿布林线下轨的支撑线并不见得是一个好的买点，有时候甚至只是大跌的开始；而在一轮飙涨趋势中，突破阻力线也并不都是一个极佳的卖点，有时候是行情的飙升阶段才刚刚由此起步。

布林线发明人布林格先生曾说："布林线上轨的边界本身并不是一个卖出信号，下轨的边界本身也并不是一个买入信号，也可能是买入和卖出的信号，但是你必须要有更多的因素进入到这个过程，来理解到底是买还是卖。在有趋势的市场中，价格可能既可以沿着布林线的轨道上升，也可以沿着布林线下轨下降。"

布林格先生的这段话，对于我们理解和应用布林线指标有着重要的启示。布林线仅仅是一个技术指标，它并不决定价格的涨跌，只是在一定程度上起到衡量价格涨跌的作用。不但是布林线，其他技术指标的作用也大体如此。

二、上涨趋势中均线与布林线契合分析

在实战中，关注布林线对于价格波动的反应和其与均线之间的契合性，非常有助于我们对目前行情的变化做出一个正确的判断。

如图7-2所示，A点K线以20日均线为依托，大多数时间和5日均线同步缓缓上行，同期的布林线指标保持着稳定的带宽亦同步上行，价格在布林线中轨和上轨之间小幅起伏，布林线和均线在A点上有着完美的契合。从布林线和均线的契合性再看行情，上升趋势波澜不惊，正是投资者稳定持仓做多的时候，这个时候任何逆势妄动的行为都是愚蠢的。

图中B点，价格打破了之前平静上升的局面，发生回落并一度跌穿重要的均线关口60日均线，同期的布林线指标显示，价格从布林

线上轨处跌穿下轨，而依据布林线的通用规则，跌破下轨应是买点。那么 B 点究竟是不是一个合适的买点，在均线上是否有契合性的提示？B 点，价格虽然一度跌穿 60 日均线，但是无论是下方的 120 日均线还是 60 日均线本身都保持着明确的上行势头，上行的重要均线关口对于价格的支撑是显著的和有效的，尤其是在行情从相对平静期进入大幅波动期间时，最初阶段发生的价格逆向突袭，无论力度和速度如何惊人，往往都会在之后不久的时间段内就得到纠正。

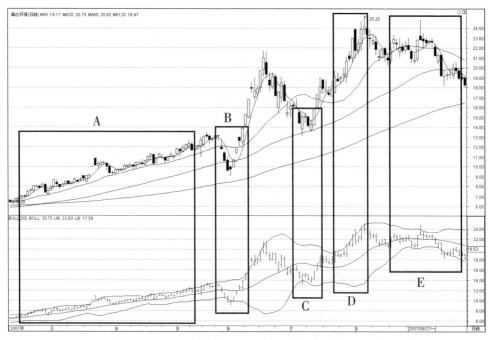

图 7-2　均线与布林线契合分析（菲达环保）

均线和布林线在 B 点仍旧保持了较好的契合性。

B 点之后，布林线带宽迅速放大，意味着行情进入到一个新的阶段，即快速上涨和宽幅震荡阶段。在这个阶段价格开始依托 5 日均线展开行情，C 点价格再次跌至 60 日均线，布林线指标显示价格同期触及下轨，之后价格回升。C 点的技术含义和 B 点很类似。

D 点，价格依托 5 日均线快速上攻，同期的布林线指标显示价格对布林线上轨阻力线的连续攻击，这个时候价格击穿上轨为卖点的布

林线通用规则已不适用。对于短线交易者来说，价格对布林线上轨阻
力线的连续攻击正是短线的出击的介入点，只要价格未出现有效跌破
所依托的 5 日均线和价格在布林线上轨停止攻击遇阻回落的契合情
况，就可以大胆持仓待涨。

E 点时，价格虽然仍有上冲的动作，但是显示行情短期趋势的 5
日、20 日均线已经渐趋向下的态势，同期的布林线指标带宽缩窄，
预示着行情的运行节奏再次出现了变化，快速上涨和宽幅震荡阶段将
告一段落。在均线与布林线契合显示行情有趋下迹象时，价格又一次
跌至 60 日均线、布林线下轨也又一次被击穿时，击穿下轨为买点的
布林线通用规则就不可再被机械地使用和遵守。

通过上述案例的分析和讲解，我们这时再回过头去看布林线发明
人布林格先生所说的那段话，是否有了新的感悟和理解？

三、下跌趋势中均线与布林线契合分析

如图 7-3 所示，图中 A 点均线系统的数条均线于此汇聚并最终
发生死叉，价格开始下跌，趋势走弱的态势显而易见。同期布林线指
标的带宽逐步缩窄，意味着趋势生变，同时价格也由攻击上轨阻力线
转而下行至中轨，略作停留后便下穿下轨的支撑线。A 点，均线和布
林线在反映价格下跌趋势的逐步形成上有着良好的契合性。

B 点，在一波跌势后出现反弹，价格跃上 5 日、20 日均线，但是
下行态势中 60 日、120 日均线无疑对价格形成巨大的压制力，使其不
敢越雷池一步。同期的布林线指标显示，价格跃上中轨后彷徨不定，
无力挑战上轨的阻力线，再一次显示和均线系统的契合性。之后布林
线指标的带宽缩窄后再次放大，说明行情结束盘整将再次进入主要下
跌阶段。

C 点，均线系统空头排列，价格被 5 日均线压制下持续下跌。同
期的布林线指标显示价格连续攻击下轨的支撑线，这时击穿下轨为买
点的布林线通用规则就是一纸空言。投资者判别 C 点行情时，均线和
布林线的契合分析就很重要：在均线系统空头排列下，布林线连续性

攻击下轨不但不是买点，往往还是行情处于或进入快速下跌期的主要标志。

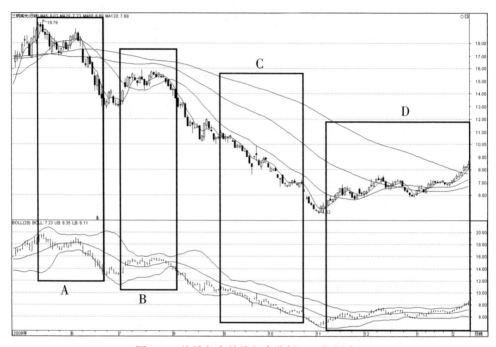

图 7-3　均线与布林线契合分析（三钢闽光）

D 点，均线系统的多条均线相继汇聚并发生金叉且多头排列，同期的布林线指标的带宽保持稳定的宽度并整体转而向上，这种均线和布林线指标的契合关系说明，行情经过大幅下跌之后，已经处于构筑底部的过程中。

布林线和均线的契合性分析，意在通过不同技术指标之间的异同关系来甄别和印证价格的波动趋向，更好地为实战交易提供帮助和保护。当指标之间发生歧义时，投资者应该倾向于选择更能符合趋势发展方向的指标。

第二节

均线与 MACD 的契合分析

一、MACD 简述

　　MACD 又称平滑异同移动平均指标，它是和均线关系最为密切的技术指标，其主要是利用短期（12 日）移动平均线与长期（26 日）移动平均线之间的聚合与分离情况，对买进、卖出时机做出研判，如图 7-4 所示。

　　MACD 的主要运用法则包括：

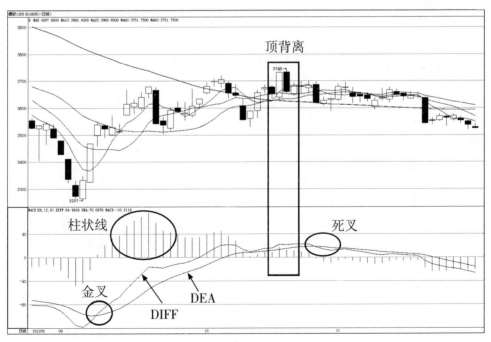

图 7-4　MACD（螺纹钢）

①当 DIFF 和 DEA 都为正值，即都在 0 轴线之上，则行情为多方市场。如果 DIFF 向上金叉 DEA 时，则是买入信号；如果 DIFF 向下死叉 DEA 时，则仅视为一次短暂的回档，可以短线卖出。

②当 DIFF 和 DEA 都为负值，即都在 0 轴线之下，则行情为空方市场。如果 DIFF 向上金叉 DEA，则仅能视为反弹，可以短线买入；如果 DIFF 向下死叉 DEA 时，则是卖出信号。

③MACD 柱状线应用：柱状线的持续收缩表明趋势运行的强度正在逐渐减弱，当柱状线颜色发生改变时，趋势确定转折；柱状线持续放大表明当前趋势正在逐步加强，价格顺势的运行力度越来越强。

④背离：价格连续多次创出新低，但 DIFF 并不随之创出新低，则行情可能即将企稳反弹；价格连续多次创出新高，但 DIFF 并未配合创出新高，则行情可能即将见顶或回调。

⑤在 0 轴线之上 DIFF 连续两次向下死叉 DEA，可能是暴跌即将来临的信号，应当逢高卖出；在 0 轴线之下 DIFF 连续两次向上金叉 DEA，可能行情即将大涨，可逢低买入。

二、上涨趋势中均线与 MACD 的契合分析

技术指标的规则是静态的和固定不变的，而价格与运行趋势是动态的且在不停变化中的，所以技术指标的应用规则只是提供给我们一个参考，而不是不可逾越的金科玉律。一切技术分析的精华所在，都是超越规则、重塑规则，而绝不可能是囿于樊篱、不能自拔。

如图 7-5 所示，图中 A 点在均线系统的压制下价格逐级盘落，下方 MACD 指标却已不再随之下跌，而是低点逐波抬高和均线系统及价格趋势形成底背离。形成底背离并不意味着价格必然就会出现强势上涨行情，尤其是在 0 轴线之下的底背离。很多时候 0 轴线之下会多次出现底背离，价格却仍旧萎靡不振，最后 MACD 随同价格一起再创新低，实战中这种底背离后再创新低的例子并不少见。

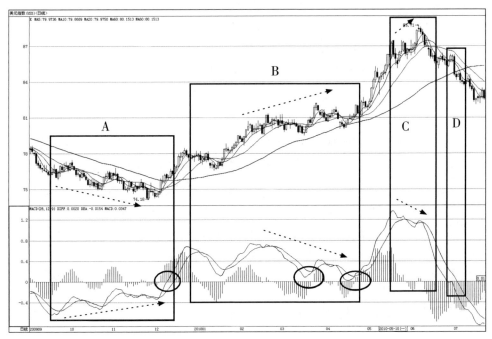

图 7-5 均线与 MACD 契合分析（美元指数）

借助均线和 MACD 之间的契合关系，来判断底背离能否启动价格的升势，往往会有不错的实战效果。如图中 A 点所标示的圆圈处，MACD 两次出现底背离后，强劲突破 0 轴线上行、柱状线迅速拔升，同期多条均线聚拢后向上发散、价格有效突破 60 日均线关口。MACD 和均线系统在强势状态上表现出来的契合性，用于判断行情一般都有极高的准确性。

B 点，价格逐波上升而 MACD 却出现了一个顶背离走势，如果投资者孤立分析 MACD 则可能会在价格上涨趋势中过早卖出所持仓位。利用均线和 MACD 的契合性分析，投资者就可以放心持仓，等待利润的不断累积。

B 点，价格在涨跌相间中整体的上升趋势并未改变，仍旧在上行的 60 日均线的有效支撑下运行，可见均线与 MACD 于此并不契合。在 MACD 顶背离发生时，其低点也并未击穿 0 轴线。实战中，类似的顶背离多出现在涨势平缓的阶段，我们判断其是否会带来价格的转势和下跌，主要就是和均线之间的契合性以及 0 轴线的失守与否。B 点之后，价格出现一波大涨，顶背离的虚假性不攻自破。

C 点，MACD 再次和价格形成顶背离，这里的顶背离和 B 点时的技术环境已经有很大的不同：C 点和 B 点都出现了多条均线死叉的情况，但是 C 点时，起到趋势保护作用的 60 日均线关口和价格之间，已经有了较大的乖离，这种情况是在 B 点处所不存在的，也就是说 C 点价格具备了下跌的条件，同期 MACD 出现连续两次死叉，对于价格的下跌和均线之间出现契合。D 点，价格跌破 60 日均线的支撑，同期的 MACD 击穿 0 轴线，二者对于下跌的持续性出现契合。

在上涨趋势中，关注均线和 MACD 之间的契合性，对于投资者持仓与阶段性转化交易方向有着非常理想的实战提示。

三、下跌趋势中均线与 MACD 的契合分析

如图 7-6 所示，图中 A 点是一轮跌势初启的区域：K 线刚刚止住一波急跌且均线相互缠绕方向待定，而同期 MACD 却早已跌破 0 轴线，在 0 轴线之下弱势横盘，实战中出现上述情形，当均线和 MACD 同时做出向下发散的契合动作时，再次进入跌势则几乎无可回避。

图中 B 点，K 现出现反弹，MACD 从低点向上穿越 0 轴线，这种技术形态最容易给投资者带来行情似乎已经进入强势上涨阶段的假象和错觉。然而，如果我们利用均线和 MACD 之间的契合性分析就可以发现：在 B 点虽然 MACD 已上穿 0 轴线，价格越过下行的 60 日均线，但是 5 日、20 日均线却在 60 日均线下望而却步、退缩不前，代表价格短线状态的短期均线并不具备应有的强势。均线和 MACD 并未形成对于强势上涨的契合性，反而在短期均线遇阻回落时，MACD 也再度跌破 0 轴线，继而形成了对于下跌的契合性。

C 点时，K 线反弹再次受阻于 60 日均线，MACD 也相应于 0 轴线之下停住上行的脚步，二者对于反弹的即将结束出现契合性表现。

从 B 点到 C 点价格的运行趋势和 MACD 之间已经出现底背离，

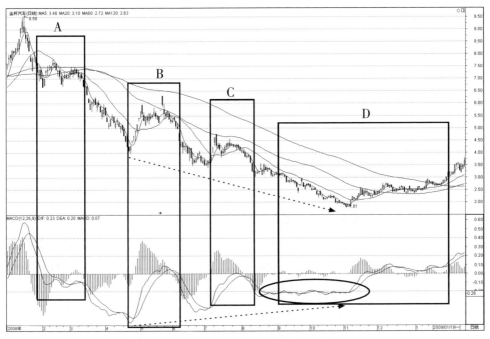

图7-6 均线与MACD契合分析（金杯汽车）

这种背离在 D 点得到进一步强化：价格在不断走低，MACD 却不再随之波动，而是保持了一个长时间的横向移动。随着价格启动上涨，均线逐步形成金叉向上发散，MACD 也成功突破 0 轴线走出一个稳定的上行状态，二者契合性的出现预示着上涨趋势已经处于稳定的发展与构筑中。

第三节

均线与 BIAS 的契合分析

一、乖离率（BIAS）简述

乖离率指标，是通过百分比的形式来表示收盘价格与均线之间的偏离程度。价格与均线之间的偏离程度，在一定程度上代表着市场投资者平均持仓的盈利或亏损幅度。价格的暴涨暴跌，必然导致价格远离均线，而乖离率的绝对值就会越大，乖离率值越大，则意味着价格向均线回归的可能性越大。乖离率可分为正乖离率与负乖离率。若价格大于平均线，则为正乖离；价格小于平均线，则为负乖离；当价格与平均线相等时，则乖离率为零。正乖离率越大，表示短期超买越大，则越有可能见顶；负乖离率越大，表示短期超卖越大，则越有可能见底。

乖离率指标的数值究竟达到多少才算是买进或卖出时机，在不同投资市场、不同投资品种、不同市场阶段，则有不同的认定标准。比如，在上涨或下跌趋势维持期间，乖离率会多次出现正或负的高数值，投资者盲目依照指标提示买进或卖出往往招致失利，不是与迅速上涨的行情失之交臂，就是被套在下跌之初的盘整阶段，如图 7-7 所示。

应用乖离率指标进行实战，是最能体现均线和乖离率契合性分析重要性的时候。

乖离率的主要运用法则包括：

①当行情处于下跌趋势的初、中期阶段，即使乖离率出现较大负值，也不能盲目判定为行情即将见底反弹。

②当行情处于长期、大幅下跌之后，当乖离率单日出现较大负值

时，应及时调整惯性看空的思维，积极做好入场准备。

③当行情处于上涨趋势的初、中期阶段时，即使乖离率出现较大正值时，也不应盲目看空，而应从其他技术指标的分析上予以印证，以免因过早离场而错失行情。

④当行情处于长期、大幅上升之后，当乖离率单日出现较大正值时，应及时调整惯性看多的思维，为转多为空做好准备。

图 7-7　乖离率（豆粕）

二、上涨趋势中均线与乖离率的契合分析

在上文关于乖离率的应用法则中，笔者并没有列举乖离率达到何种数值价格就会出现回落或上升。之所以不提乖离率的数值，是因为不希望投资者在实际应用中被数值所围或纠结于某个数字的变化上。还是我们之前一再提及和多次重复的理念，我们可以借用趋势发现法来测量行情，却不能用主观愿望去对行情进行预测。乖离率到达某种

数值就意味着买入或卖出的时机到来，这种理论在笔者看来和算命一样不着边际。

如图 7-8 所示，图中 A 点是一轮升势的起点，在此点乖离率一度接近 10 这个数值，如果按照常规法则，那么乖离率超过 5 就应当卖出，果真如此操作的话投资者将错失后面的大段上涨行情。而在笔者的法则里加入了市场阶段的概念，所以在趋势的初期阶段较大的乖离率值并不都被认为是反向交易的信号。我们通过均线和乖离率契合性分析可以看到，A 点均线向上发散、多头排列并一举突破横向移动长期均线的压制，显示出趋势已由前期下跌扭转为上涨趋势初期。此时乖离率的高值应被视为一种短期过度反应，而不是趋势性提示。

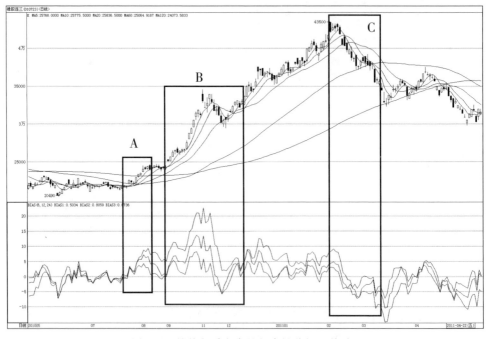

图 7-8　均线与乖离率的契合性分析（橡胶）

B 点，在价格与均线的一路上涨中，乖离率也随之上行，最高时甚至超越 20 这个罕见的数值，价格也随之出现了一个高峰并回落。在乖离率从低值不断上升时，只要均线和价格保持上行的态势，投资者就不应把乖离率数值达到多少当作交易的理由和依据，而只能当成一个参考。

B 点的价格回落对于投资者是一次考验，如果孤立地使用乖离率这个指标，那么投资者必然会惊慌失措地匆忙调仓，而如果同时关注均线系统的运行情况，就会发现市场情况并没有乖离率所提示的那么差：长期均线依旧保持上行态势、中短期均线短暂下行后迅速转升，说明 B 点只是一次短期回落整理。

乖离率的缺憾就在于过度频繁地对价格波动做出反应，容易使投资者产生误判，但是这也正是乖离率的优点，能够及时体现出当前行情的强弱程度。

B 点之后价格与均线同步上升，乖离率的数值再未超越 B 点时的高点，也印证了价格与均线处于一个平稳运行的阶段。

C 点时，经过长时间上涨价格已经有了较大的升幅，此时价格迅速下跌并跌破 60 日均线关口，同时乖离率也随之快速下行，短时间内已经超过 -5 这个数值。这是从 A 点开始的整个上涨趋势维持期间，乖离率值从未抵达的低点。

均线和乖离率契合性分析的重点，很明显不在于 C 点乖离率值创下新低能否带来反弹，而在于整个运行趋势的趋弱表现上。在这个点位上乖离率的负值达到多少都不能成为看多的理由，因为均线和价格的趋势并不与之相契合，而趋势走弱，才是均线和乖离率在 C 点上的契合性提示。

三、下跌趋势中均线与乖离率的契合分析

图 7-9 中 A 点，在价格迅速冲高的过程中，乖离率已提前发生回落；这一点和图 7-8 中的 B 点很相似，但是图 7-8 中的 B 点仅仅是一个短暂回调，而图 7-9 中 A 点却形成了一个顶部。在图 7-8 中 B 点乖离率数值超过 20，而图 7-9 中 A 点乖离率数值则尚未到达 20，这也就佐证了我们一直所言的乖离率数值的大小并不能成为行情扭转与否的依据。契合性分析可以帮助我们解除行情是回调还是见顶的困惑。

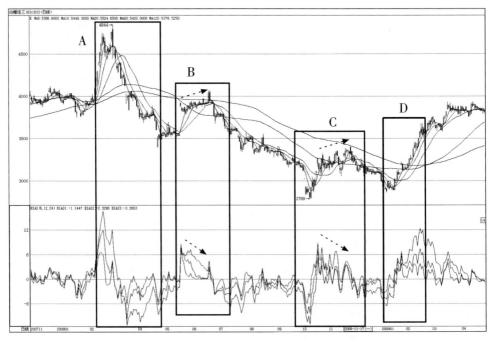

图 7-9　均线与乖离率的契合性分析（白糖）

　　对比图 7-8 中 B 点的讲解，我们可以看到图 7-9 中 A 点的价格和均线表现大为不同：中长期均线已经不存在明显的上升态势，且在价格下跌时并不能起到应有的支撑作用，所以这个时候乖离率创出新低，并不能成为做多的理由反而是趋势走弱的契合性表现。

　　图 7-9 中 B 点价格出现一波反弹，在反弹中乖离率和价格之间出现一个背离形态，这个背离也显示了价格趋势已经趋弱，虽然价格以单日大阳线的形式穿越了下行的长期均线关口，但却无法阻挡乖离率与均线之间对于下跌所形成的契合性：均线的向下发散且空头排列，乖离率的迭创新低，这些都印证了下跌趋势将得以持续。

　　同样图 7-9 中 C 点，在长期大幅下跌之后，价格突然加速下跌，乖离率负值几近达到下跌趋势以来的最低数值，在实战中这种突然性的急速下跌，往往都会诱发价格的反弹或趋势的扭转。C 点反弹的过程中，价格和乖离率之间再次发生背离。当实战中出现这种背离情况时，我们可以关注均线对于下跌是否具有契合性的表现，如果均线并不支持下跌，则说明仅仅是乖离率对于价格波动的过度反应。而在图中 C 点时，均线系统无疑和乖离率之间形成对于下跌的契合性：当价格抵近下行的长期均线时，长期均线仍旧具有强大的压制作用，于是下跌再度开始，短期均线也随之向下扭转。

乖离率具有对于价格波动的高度敏感性和迅速反应的特点，如图中 D 点：价格触底反弹，乖离率随之上升，而同期的均线系统则尚未能发出做多的提示信号。随着价格的进一步攀升，乖离率也逐步升高，均线系统此时发出了一系列的做多提示：向上发散、多头排列、价托等和乖离率之间出现了对于上涨的契合性。

基于乖离率对价格的高度敏感性，在趋势的分析判断上往往效果并不突出，所以关于乖离率的应用，笔者更倾向于对于局部或极端行情的判断上。如果在应用乖离率的同时将均线系统是否与之契合，作为分析和判断行情的主要手段和核心思路，则对最终结论的正确性能够起到相对的保障作用。

第四节

均线与 CCI 的契合分析

一、CCI 简述

CCI 指标波动于正无穷大到负无穷大之间，因此不会像某些技术指标在极端行情发生时出现钝化现象。CCI 指标的这一特性，非常有利于投资者研判短期内价格暴涨暴跌的非常态行情。CCI 指标在衡量价格是否超出常态分布范围上有着极其突出的作用，这也为投资者在不同行情阶段选择相应的交易方式，提供了非常重要的帮助，如图 7-10 所示。

图 7-10　CCI 指标（玉米）

CCI 指标的主要运用法则包括：

①常态行情时 CCI 波动于正负 100 之间；强势行情时 CCI 会超出正负 100。

②当 CCI 指标从下向上突破正 100 线而进入非常态区域时，表明价格已进入上涨的异常波动阶段，此时以看多为主要操作策略。

③当 CCI 指标从上向下跌破负 100 线而进入非常态区域时，表明价格已进入下跌的异常波动阶段，此时以看空为主要操作策略。

④当 CCI 指标从上向下跌破正 100 线而重新进入常态区域时，表明价格的强势上涨阶段可能已经结束，投资者应以观望为主。

⑤当 CCI 指标从下向上突破负 100 线而重新进入常态区域时，表明价格的急速下跌阶段可能已经结束，但投资者仍旧应以观望为主。

二、上涨趋势中均线与 CCI 的契合分析

如图 7-11 所示，图中 A 点均线系统逐步走出向上发散且多头排列的形态，同期的 CCI 迅速从负 100 线之下向上进入到常态区域，随着价格与均线系统的渐次向上展开，CCI 也突破正 100 线进入到异常波动阶段，预示着价格正处于强势上涨阶段。在这个阶段，只要 CCI 保持在正 100 线附近，均线系统维持多头排列，投资者可放心持仓。当 CCI 跌破正 100 线并重新进入常态区域时，预示着价格可能暂时脱离强势上涨状态而进入盘整阶段，这时投资者可通过均线和 CCI 的契合性分析来判断价格是处于正常回调还是就此见顶。

图中 B 点价格发生回落，CCI 急速跌破负 100 线，CCI 的这种表现是否意味着行情将由此进入到急速下跌阶段呢？在实战中，如果仅仅依据 CCI 的应用法则，那么当遭遇 B 点的情况时确实难以做出决断。但是我们利用均线和 CCI 的契合性分析完全可以测定行情回落的性质和级别：B 点 CCI 跌破负 100 线时，价格正好回落至上行的 60 日均线附近，下方的 120 日均线也保持着上行的态势，只要中长期均线提供给价格足够的支撑，那么当前的下跌就必然是一波正常的回调，而不可能是趋势扭转的顶部。B 点之后，价格果然重新回归到上

涨趋势中。契合性分析可以有效地帮助投资者剔除 CCI 所带来的杂波，避免因 CCI 的过度反应而做出错误的操作行为。

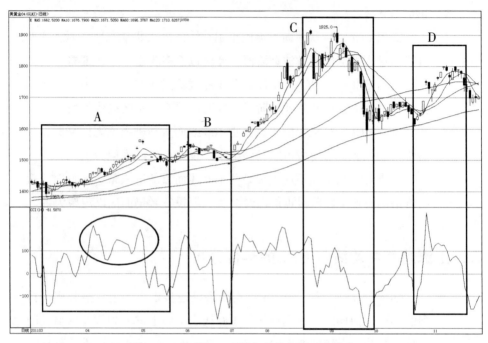

图 7-11　均线与 CCI 的契合性分析（美黄金）

图中 C 点，CCI 跌破正 100 线进入到常态区域，同期的均线系统也随着价格的波动出现相互缠绕，二者的这种契合性表现说明价格已经脱离强势上涨阶段，而是进入到一个方向选择的阶段。之后价格果然出现一波急速下跌，CCI 也跌破负 100 线。

价格在 C 点及之后跌至 120 日均线暂时止住跌势，D 点 CCI 急升并突破正 100 线，但是未能停留在正 100 线附近而是逐级回落，显示价格并没有进入到一个可持续的强势上涨状态，同期的短期均线在回升至 60 日均线上方后再次回落，和 CCI 之间对于价格的下跌有了一个契合性表示。

三、下跌趋势中均线与 CCI 的契合分析

　　如图 7-12 所示，图中 A 点价格运行于一个下跌趋势中，均线系统空头排列，同期的 CCI 下行并一度跌破负 100 线，之后主要运行于负 100 线附近，显示价格一直处于弱势下跌阶段，CCI 的这一提示和均线之间对于下跌趋势有着契合性的表现。实战中，出现如图中 A 点的市场情况时，做空或静候市场拐点的来临应该是投资者较理想的选择。

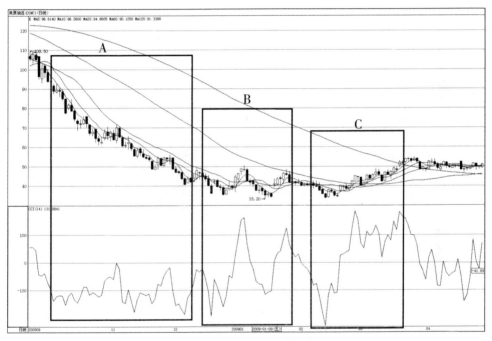

图 7-12　均线与 CCI 的契合性分析（美原油）

　　图中 B 点价格出现小幅反弹，CCI 却急速上行突破正 100 线，而同期的均线系统正逐渐进入到黏合状态，均线和 CCI 之间并未对价格的上涨形成契合性提示。这种情况说明，价格开始出现具有一定强度的异动，但目前尚不足以形成趋势的扭转。

　　图中 C 点，价格出现一个连续下跌并跌破处于黏合状态中的均线

系统，但是价格在这里并没跌穿前期低点，而 CCI 却急速下行跌穿负 100 线且创下新低。CCI 的这种表现所显示的是价格在短时间内形成了一个强烈的下跌氛围，然而价格本身却并没有创下新低，CCI 急速下行刷新低点，说明这里的恐慌情绪远远大于实际的跌幅。

随着价格的稳定上涨，均线系统从黏合状态中逐步走出向上发散且多头排列，同期的 CCI 指标从负 100 线下方迅速升至正 100 线上方并围绕正 100 线移动，显示价格已经进入上涨的强势阶段。均线和 CCI 在这里出现了对于价格持续上涨的契合性提示。

第八章　移动平均线的进阶思考与策略

　　投资与交易不是一项人人皆宜、轻松简单的赚钱游戏，它需要参与者付出大量的心血与汗水。即便如此，仍旧没有人可以保证经过努力就一定可以获取成功。甚至一些曾经的成功者，再次沦为失败者并倾家荡产的案例比比皆是。投资中的成与败、盈与亏往往只在一念之差，而这个一念之差却是很多失败投资者无法逾越的鸿沟。本章所要讨论的就是投资过程中的"一念之差"以及应对策略和相关思考。

第一节

"潜行"的均线——进阶关口

一、主力影响下的均线

均线的本质是市场投资者平均持仓成本的一种表现形式。以买入持仓为例，当价格处于均线上方，某一周期内在平均持仓成本附近买入的投资者是盈利的；当价格处于均线下方，则投资者是亏损的。

周期越短的均线，对价格波动的反应越敏感，而相应周期内持仓的投资者在趋势不明朗的行情盘整期间，就会频繁在仓位的盈亏变换之间备受考验，而一些容易被短期价格波动所袭扰的投资者则往往因此心神不宁。投资市场最显著的特性就是其博弈性，一些实力资金或称之为主力资金，会抓住部分投资者的弱点，利用自身资金等方面的优势制造盘面上的恐慌，促使投资者做出错误的判断和决定而从中牟利。短期均线就是主力惯用的道具之一。如图 8-1 所示。

图中 A 点，K 线跌破短期均线的支撑，随之 5 日均线与 10 日均线发生死叉，似乎一波下跌已经无可回避。但是接下来 K 线却并没有继续下跌，反而持续回升并向上跳空报收涨停板。价格走势在大多数情况下都和市场大众的预测截然不同。

短期均线易于受控，因而也最容易出现杂波，投资者在实战中避免为短期均线杂波误导的方法有很多，例如：利用整个均线系统来分析和判断行情，正如图中当短期均线死叉之际，下方的中长期均线平稳运行，而且对于价格提供了明显的支撑，说明中长期均线依然在发挥着作用，短期均线和价格的变化并未对趋势带来扭转性的影响。

图中 A 点就是一个人为制造的恐慌盘面，也就是主力影响下的均线——骗线。骗线的种类与花样繁多，然而主力制造骗线的目的却只

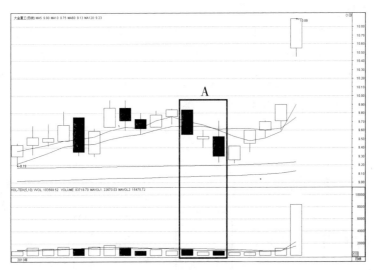

图 8-1 主力影响下的均线（大金重工）

有一个——制造混乱并乱中取利。投资者甄别骗线和去伪存真的手段
也很简单，就是利用"形与势"理论的趋势发现法来应对：不被一
时涨跌影响到情绪的喜与忧，从趋势的高度上就能够发现骗线和整个
趋势之间不和谐的地方。

二、虚浮不定的均线

　　均线是通过自身形态以及与价格、量能等外在因素之间的关系来
显示行情趋势的一种技术指标。比如，均线可以通过自身的交叉、黏
合、聚拢、角度等形态显示行情的强弱程度与运行阶段；通过与价格
之间的支撑与压制的转化关系来确认行情的运行方向；通过与量能之
间的催化关系来确认趋势的维持与发展，等等。

　　由此可见，均线不是万能的，也不具有未卜先知的功用，它在行
情的某一阶段甚至处于待定性、选择性的状态中。排除主力资金刻意
影响的因素，均线在运行中确实具有虚浮不定的特性，这个特性也最
容易导致投资者犯下以主观愿望进行交易的错误。

　　下面我们借用均线与价格之间支撑、压制的转化关系，来进一步

解读均线的待定性和选择性。

　　图8-2是一轮上升趋势中出现的价格横盘态势，A点价格与短期均线跌破60日均线后，并未继续下行而是在其下方横盘。这个阶段，60日均线呈水平、120日均线呈上行状态，价格的下跌暂时并未出现可能引发趋势变化的因素和迹象。

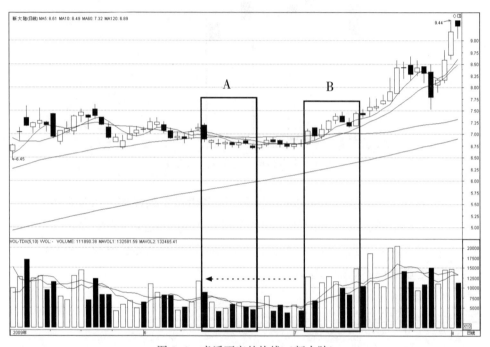

图8-2　虚浮不定的均线（新大陆）

　　当我们现在面对这张可以看到价格后期发展的图例时，并不会引起我们产生任何不良情绪，而如果是在实战中出现A点的情况时，则不免心生忧虑：A点，走平的60日均线已经失去了对价格的支撑作用，尽管120日均线仍旧保持上行的态势，但是长期均线的效用我们之前讲过，在于确认趋势而不是交易时机的把握上。在A点有一个技术要点需要我们注意：60日均线虽然暂时失去支撑，但是其压制作用在价格横盘、量能萎缩的状态下并未完全体现，价格也并未对60日均线发起过测试性攻击，也就是说60日均线强大的压制作用是否存在并没有经过测试和考验。所以在A点均线能够提供给我们的仅是待定性和选择性，价格走势并不明确且均线虚浮不定。

面对图中 A 点的盘面，投资者最容易以主观愿望确定自己的交易：胆小的投资者，眼中看到的是价格即将开始大跌，下跌的第一目标位就是下方的 120 日均线；而胆大的投资者，认为上涨趋势中的一切回调都是正常。

所有以主观愿望为出发点对行情趋势所作的预测，都必然是偏颇的；即便事实和你的预测相一致，也因为那是概率帮了你一把，而你并不会每次运气都这么好。面对虚浮不定的均线，投资者应该是用技术和趋势发展来确认，而不是自己的愿望。

图中 B 点，价格放量攻击 60 日均线并轻松收复失地。在之后的交易日，扭转向上的短期均线对于价格开始起到支撑作用，价格迅速脱离 60 日均线的点位，行情回归上升趋势。从均线和价格在支撑与压制转化关系上的变化，就可以悄然发现趋势运行的倾向，这才是我们进行交易所需要的依据。

对于处于虚浮不定阶段的均线，投资者应该摒弃主观愿望交易，而应静候趋势变化、顺应趋势变化，这才是投资之道的真谛。

第二节

山不动水动——进阶思考

一、投资心态的误区

包括均线在内的所有技术分析理论，都需要投资者的参与、认可、理解和运用。同一种技术分析工具，在不同的投资者手中，往往会得出截然不同的技术分析结论。个中缘由就在于投资者个体因学识、修养、性格、心态等方面有着较大的区别，所以在理解和识别技术分析信息时，会得出符合自身特点的结论。其中尤以投资心态最为关键，即便是正确的技术分析结论，也会因投资心态的迥别，最终得到的投资收益会有很大的不同。

例如，在图 8-3 中的一个明显的上升趋势中，投资者们都很明了，只要均线不失去支撑作用，就应该一直持仓不作改变。然而随着上升趋势的持续发展、价格的日益高涨，尽管均线和价格之间并无明显的改变，部分人的投资心态却开始变化，担忧上升行情会戛然而止，而自己会因此错失到手的利润，于是在趋势并没有任何改变的情况下，过早卖出了持仓。

然而，这些投资者卖出持仓后并没有看到想象中的下跌，行情依然继续上涨，踏空行情，看着价格飞涨却和自己毫不相干之类的痛苦开始折磨他们。这些投资者逐渐淡忘了之前的卖出是因为对价格升幅过高的恐惧，而这个时候让他们感到恐惧的却是自己空仓。部分无法控制自身情绪的投资者，已经无视均线等技术形态的恶化，这个时候只有买入才是他们回避恐惧心理的唯一途径。于是这些投资者在高位追涨买入，买入不久他们就发现均线和价格已经发出顶部提示信号，但是这时他们会漠视这些信号，认为只是主力制造的骗线，目的就是

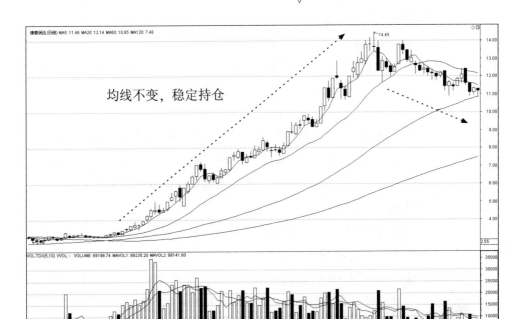

图 8-3　投资心态的误区（德豪润达）

让他们再次卖出。这些投资者决定要接受上一次过早卖出的教训，这次要坚定持仓，打死都不卖！很多人都是这样被套在价格高位上并最终发生巨额亏损的。

上述就是在不良心态影响下的交易行为。很多精于技术分析的投资者在实战中的收益并不理想，原因就在于心态控制上。有好的技术，却没有好的心态，必然一事无成。在投资中要学会打攻坚战，忍得住痛、受得了苦，才有资格追逐丰厚的盈利。一触即溃、经不起时间的考验、不能忍受一点点亏损，固然可能回避掉很多短时间内的失利和亏损，但是往往也回避了打磨耐心、锻造坚定投资心态的机遇。最终只能依靠战术上的投机收获小鱼小虾，而在战略上不具备猎杀巨鲸的心态和胸襟。

例如：太平天国之翼王石达开，自天京事变之后远走高飞并转战江西、浙江、广西等地，数次获得大捷。曾国藩曾说"查贼渠以石为最悍，其诳煽莠民，张大声势，亦以石为最谲"，但是骁勇的翼王却未能逃脱失败的命运。

史家评价翼王石达开的失败命运，有人认为翼王不善攻坚，习惯避强攻弱四处游击，这样虽在一定程度上保存了现有的实力，但是却无法建立牢固的根据地，使得自己一直处于流寇天涯的状态，历代农民起义军失败的根源大抵在此。

失败就在一个人的心态与理念上，不敢攻坚，你就不可能收获最大的利益。一味地投机取巧固然可暂时保存实力且不必经受残酷的心理煎熬与折磨，但是凡开疆辟土者无不需要经此炼狱的考验，才能拥有自己的天下和太平。

投资者操作时亦与此类似，不能忍受艰苦时刻的考验，面对不利局面时缺乏攻坚的勇气、耐心、恒心，一触即溃或只见蝇头小利的人，很难收获投资中的最大荣耀与成功。举世之间，沃伦·巴菲特、彼得·林奇等人莫不由此成就了投资大师的盛名与财富。

二、底蕴决定高度

华尔街最著名的投机大师杰西·利弗莫尔讲过一个小故事："很多年以来，当我出席晚宴的时候，只要有陌生人在场，则几乎总有陌生人走过来坐到我身边，稍作寒暄便言归正传'我怎样才能从市场挣些钱？'当我还年轻的时候，会不厌其烦地设法解释，盼着从市场上既快又容易地挣钱是不切实际的，你会碰上如此这般的麻烦；或者想尽办法找个礼貌的借口，从困境中脱身。最近这些年，我的回答只剩下生硬的一句，'不知道。'碰上这种人，你很难耐得住性子。其他的先不说，这样的问法对于一位已经对投资和投机事业进行了科学研究的人来说，实在算不得什么恭敬。要是这位外行朋友也拿同样的问题请教一位律师或一位外科医生，那才叫公平：'我怎样才能从法律方面或者外科手术上快快挣钱？'"

很多人把投资看得很简单，认为在股票或期货市场上赚钱比较容易。当带着这种想法的人进入投资市场之中后，财富的转瞬即逝会让其中的某些人永远告别投资市场，另一些人收起轻视之心潜心励志、刻苦钻研而有所成就之后，才会最终感叹投资并不是一个简单容易的事。

既不具备必要的专业知识，也没做任何准备就进入投资市场，亏损是迟早都会发生的事。投资大师威廉 D. 江恩曾说："在过去的 10 年中，我将全部的时间和精力都投入到市场投机中。像其他人一样，我曾损失过以千计的美元，并经历了一个在没有预备知识而入市的新手所必然遭碰到的起起落落。我很快便意识到，所有成功人士无论是律师、医生还是科学家，他们在开始赚钱以前，都对自己特定的追求或职业进行过多年的学习和研究。在我自己的经纪业务以及为大量的客户服务过程中，我有常人难得的机会去研究他人失败和成功的原因。我发现，在对市场没有任何知识和研究的投资者中，在90%以上最终亏本。"

江恩之所以能够成为一代投资大师，就在于不断提升自我，完善自我。江恩在自己的著作中写道："在过去的 40 年里，我年年研究和改进我的理论。我还在不断地学习，希望自己在未来能有更大的发现。"

学海无涯。投资之道亦是如此。唯有懂得自省的人，才能发现自己的不足，而不断提升和完善自己的投资心态、积淀投资的理论与实战知识，才是投资者在投资市场上长久立足之道。

三、投资哲学上的思考

投资大师彼得·林奇认为投资更像是一门艺术，而不是一门科学。历史和哲学的知识在人们做投资决策时，显然比统计学和数学更有帮助。笔者认为投资不仅是一门艺术，更是哲学。不加思考、亦步亦趋跟随市场的脚步行走，你永远也看不到市场的真实面目，就像苏轼诗中所言"不识庐山真面目，只缘身在此山中"。辩证地看待市场并理解价格的涨与跌，才能从时间周期和历史变迁中领略到盈与亏的多重含义，放弃价格细枝末节的追逐游戏，才有机会思考并赢得未来。

笔者总结了全球投资界五位投资大师的思想精髓或称之为投资哲学，与读者共勉：

1. 威廉 D. 江恩的投资哲学

（1）知识

下定决心，每天花一定的时间研究股票市场未来的运行趋势。这样，将会获得如何探测股票市场趋势所需要的知识，并赚取利润。没有人可以找到一条在股票市场中轻松、快速赚钱的捷径。应该先付出时间学习，一个人获取知识所花费的时间越多，将来赚取的利润就会越多。

（2）耐心

这是投资者获得成功所必须具备的最重要的条件之一。无论是买入还是卖出股票，都必须有耐心等待时机。还有，在结束交易或获利了结之前，必须要有足够的耐心持有股票，直到股票运行趋势出现了变化。

（3）勇气

我可以给一个人世界上最好的武器，但是如果他没有勇气扣动扳机，那么他就永远也不会赢得任何比赛。知识可以带给人以勇气，使之能够在适当的时机勇敢地采取行动。

（4）健康

在获取了知识、耐心、勇气后，对于投资者最重要的因素就是身体健康了。除非一个人保持身体健康，否则不可能有耐心和勇气去尽全力投资。如果一个人的身体状况很糟糕，就会变得悲观、失望，因为他的心中有着太多的恐惧而无法采取行动。我投身这个行业已经很多年了，曾经试图在身体不好的情况下进行交易，也曾看到其他人一样在类似的情况下进行交易。但是，我还从来没有看到过任何一个人能在健康状况不佳的情况下有过成功投机操作的经历，如果健康状况变得糟糕，你需要做的就是放下你的生意，停止投机操作，直到康复，因为身体健康就是财富。

（5）资金

具备了上述成功的条件后，投资者还必须拥有资金。但是，一旦拥有了知识和耐心，就可以先从一小部分资金起步。如果能够使用止损单，承受小的损失，并且不进行过度交易，就会赚到可观的利润。切记，永远不要和股票趋势对抗。在探测到股票趋势后，需要排除个人杂念、希望和恐惧的干扰进行买卖操作，只有这样才能获得成功。

2. 约翰·邓普顿的投资哲学

（1）勇气

航海家克里斯托弗·哥伦布，自幼热爱航海冒险，他在 1492～1502 年间四次横渡大西洋，到达美洲大陆，他也因此成为了名垂青史的航海家。后来的史料证明，哥伦布或许不是第一个发现新大陆的人，但是他勇于探索的精神依然让世人敬仰。

邓普顿被称为投资界的哥伦布，也正是基于他和这位著名的航海家同样具有的探索世界的勇气。如果总是试图避免不幸的遭遇，那么将只能碌碌无为地度过一生。在汉语里，危机一词的含义，是由危险和机遇共同构成。没有勇气探索陌生的领域，是能够避免大多数的危险，但是同时也使自己的人生丧失了变得更加灿烂、更加精彩的机遇。

（2）勤奋

对于大多数投资者来说，也许获取成功的最大障碍就是不愿意比身旁的人多付出一丁点儿努力去寻找成功的途径。无论是在投资领域还是其他任何领域，勤奋都是一个人获得成功的必须具备的基本条件。在各行各业中，有些人取得了一定的成功是因为他们付出的努力比大多数人都要多。换句话说，拥有巨大成功的人和平凡大众之间的区别就在于：在别人享乐时，你在读书、在研究、在探索、在寻求答案。邓普顿认为，勤奋是获得成功必不可少的基本条件，他把这种勤奋工作的态度称之为"多一盎司工作原则"。

（3）远见

邓普顿对未来有种特别的偏好，因为他能够把重心放在长远的前景上，而对当前流行的观点不予理睬。这种专注于未来可能出现的事件，而不是根据当前事件采取行动的能力，正是成功投资者和平庸投资者之间重要的区别。邓普顿开创全球投资之先河，也是因为局限于美国本土或者邻国加拿大，已经无法满足他追求财富的梦想，他看到了更广阔的世界。如果说远见使邓普顿看到了全球的投资机会，那么勇气使他走向了这些机会。

（4）谦虚

成功是持续探索、发现新难题、寻求解决这些难题的过程。一个自大骄傲的人，不可能是一个成功者，即便曾经有过成功，也终将会被时代淘汰。

"如果一个人声称知道所有的答案，很可能他连问题是什么都没弄明白。十全十美的投资方案最终会导致失望，甚至是完全失败。即使你可以建立一个不变的投资原则，你也不可能把它运用在不变的投资环境或政治、经济环境中。任何事物都处于某种形式的变化当中，聪明的投资者知道，成功就是不断解决新问题的过程。"邓普顿说。

（5）要投资——不要投机

邓普顿说："要投资——不要投机。投资市场不是赌博场所，但是如果你在价格稍有波动时就进入或退出；或者你不停地炒买炒卖；或者只做期权和期货交易，那么你就是在赌博。而且，像大多数的赌徒一样，你终将失败。你会发现你的利润都用来支付经纪人的费用，你还会发现当你认为市场要下跌时它却反而涨个不停。给我留下深刻印象的是那些态度从容的长期投资者，他们的成绩要远远好于那些在各个投机中跳来跳去的人。长期投资者通常掌握更多的资料，也更了解股票的实际价值，他们更有耐心，不容易冲动，而且需要支付的年度资本所得税较少，也避免了不必要的代理开支。"

（6）理性投资

邓普顿提示投资者，在投资过程中不要凭个人的喜好或者一时的感觉来投资，同时不要听信内幕消息，世上没有免费的午餐，很多流传在市场上的所谓的内幕消息，都是别有用心的人故意释放的毒雾，目的就是让你赔钱。如果不是通过自己精心的分析研究，那么与其这样盲目投资，不如不投资。"不要感情用事。给你第一份工作的公司、生产你拥有的第一辆汽车的公司或者资助了一个你喜欢的电视节目的公司，这些公司可能是不错的公司，但这不等于说它们的股票就是一项好投资。即使这家公司是个一真正的好企业，它的股价也可能过高。不要为了节省代理费而投资初次上市的公司代理费。我并不是说你一定不能购买新股，只是不要为了节省代理费而买。也不要仅凭小道消息就做决定，这道理谁都知道，但是你可能会惊讶有那么多的投资者，他们都受过良好的教育，却恰恰这么做了。不幸的是，人们对小道消息有种心理上的渴望，谁不想一夜暴富呢？"

（7）坚定而乐观的心态

投资者有没有一个坚定而乐观的心态，有时候是投资是否能够成功的关键因素。即便是持有一只基本面良好、估值有优势公司的股票，如果投资者经常为股市的价格波动所困扰，纠结于短期的亏损和盈利之中，那么也很难最终获得成功。不要经常对你的投资担心或持负面心态。当然，价格是会回落，甚至会出现灾难，但从过去长久以来的研究显示，虽然熊市可以很久，但长远始终会升。在愈来愈全球化的情况下，资讯交流愈来愈容易及便宜，商业迅速发展，贸易往来会继续增长，只要是管理良好的公司，仍可以赚大钱，价格亦会跟随高涨。因此，只有持有坚定而乐观心态的投资者才可以在投资市场中上最终胜出。

（8）承认错误和认识错误

是否能够从自己或者别人的错误里总结经验和教训，这是成功与失败的投资者之间最大的区别。无论多么高明的投资者或者投资大师，都会犯错，而且不止一次地犯错。邓普顿就曾经说，在他的投资中，有1/3并未成功，而2/3却为他带来丰厚的利润。犯错并不可怕，可怕的是不能从错误中吸取经验教训，导致同样的错误一再发生。邓普顿说："有些人认为避免犯下投资错误唯一的方法，就是永远不再投资！其实，这种悲观的想法才是最大的错误！"

及时承认错误，并做出理性的决定，也是投资者必修的一门功课。有的投资者出现失误之后，不是及时收手，而是凭着一时冲动和一定要弥补损失的心态继续交易，则这种情况下极有可能犯下更大的错误！投资者要做的是从失误中吸取教训，弄清楚是什么地方出了问题，并在今后避免犯同样的错误。

（9）克服恐惧心理

在股市暴跌的时候，如果投资者没有在股市疯狂上涨阶段卖掉股票，那么在暴跌时跟随人们一齐抛售，无疑不是一个最佳选择。投资者这时应该做的是检查一下你的投资，并问自己一个问题：如果现在没拥有这些股票，你是否会在危机过去之后买进它们？如果答案是肯定的，你就应该丢掉恐惧的影响，继续持有你看好的股票。邓普顿说："卖掉股票的唯一理由是你发现了另外更有吸引力的股票。如果你没发现，那就继续保留你手中的股票吧！"如果投资者在投入资金之前，做好必要的分析和研究工作，并在心理上预先估算出，自己是否能够承受住最坏情况的发生。如果答案是确定的，完全可以放手出击。如果投资者做好了这些准备，作为一名价值投资、长期投资的人，你就不会为下跌而恐惧，熊市在你眼里只是赚取利润的一个更好的机会。

（10）冷静思考

投资者无论在投资之前还是在投资过程中以及投资之后，都需要有一个冷静思考的过程。在冷静思考之后做出的决策和判断，通常比情绪激昂时要缜密和周全，错误发生的几率要大为减少。很多投资者很容易在赚了钱之后，对市场过度乐观；在赔了钱的时候，则过度悲观。受情绪干扰，不能冷静思考的人，是无法做到像邓普顿那样：不受市场波动影响，敢于在大众最悲观的一刻入市。邓普顿喜欢一个人独处，思考人生哲理，长年累月之下，培养出他那广大的心胸及冷静的性格，使他总能在恐慌的投资气氛中保持镇定。投资者也可以通过自己有意识地锻炼，来培养自己的处变不惊和冷静应对的能力。

3. 乔治·索罗斯的投资哲学

①错误并不可耻，承认错误是件值得骄傲的事情，可耻的是错误已经显而易见了却还不去修正。

②如果你未准备好忍受痛苦，那就不要再玩这场游戏，别指望会成为常胜将军。投资者必须懂得如何保持冷静和承受亏损。索罗斯曾说，赔钱这事是一件痛苦的过程，的确是一个惨痛的遭遇，但是你玩这个游戏你就必须忍受痛苦。

③投资者的认知缺陷和盲从会使市场过度扩大，而当偏差过大至超过某个临界点时，则会出现相反趋势。索罗斯在大部分的时候会一边跟着趋势走，一边寻找趋势的转折点并准备反向投资。

④世界经济史是一部基于假象和谎言的连续剧，要获得财富，做法就是认清其假象并择其弱点攻击，然后在假象被公众识破之前退出游戏。

⑤索罗斯在投资实践中，总是根据研究先假设一种发展趋势，然后建立小仓位来试探市场，若假设有效，则继续投入巨资；若假设是错误的，就毫不犹豫地撤资。

⑥索罗斯认为，除了凭借专业知识进行分析之外，直觉在投资方面的作用也很重要。而他的直觉常常来自于对国际贸易状况的宏观考虑以及从身边诸多国际金融权威人士了解到的他们对宏观经济发展趋势看法和策略。

⑦选择一个行业股票时，要选两家，但不是随便找两家，应选一家最好和一家最差的。

⑧当所有的参加者都习惯某一规则的时候，游戏的规则也将发生变化。索罗斯说过：我特别注意游戏规则的改变，不只是在游戏规则里打转，而是了解新的游戏规则何时出现，并且要在众人察觉之前。如果有可能，则可以引导市场改变游戏规则。

⑨索罗斯对待金融市场有一种超然物外的耐心，他认为利率和汇率变动的效果需要时间，因而整个投资往往是一场持久战。花时间去思考，学习和自省往往是等待过程中重要的一个环节。

⑩索罗斯以为，股票市场运作的基础不是逻辑层面，而是基于群体本能的心理层面，理解金融市场中混乱根源正是其挣钱的良方。

4. 沃伦·巴菲特的投资哲学

(1) 赚钱而不要赔钱

这是巴菲特经常被引用的一句话："投资的第一条准则是千万不要赔钱；第二条准则是千万不要忘记第一条准则。"赚钱的秘密不在于冒险，而是要避免风险，巴菲特曾说："遇到恶龙，我们不试图取而杀之，而是要避而远之。"他把投资看成是打篮球时的投篮，而且是篮下单手跳投，打板入筐。他把钱投入到他认为靠得住的地方，然后捂在手里，经过牛市和熊市。他说："我们要把它永远捂在手里。"

（2）注重未来，长期投资

巴菲特常说，要透过窗户向前看，不能总看后视镜。

巴菲特的老师格雷厄姆强调价格因素，但另一位投资大师费雪却更注重企业的前景。巴菲特从费雪身上学到了投资最重要还是看企业的前景。没有前景的企业，其股价再便宜也不值得投资。另外，如果找到一家好的企业投资，那么除非这家公司发生变化，否则就不应该将其出手。这也是费雪投资哲学的重点。预测公司未来发展的一个办法，是计算公司未来的预期现金收入在今天值多少钱。这是巴菲特评估公司内在价值的办法，然后他会寻找那些严重偏离这一价值或低价出售的公司。

（3）寻找具有竞争壁垒的公司

巴菲特热衷于那些能对竞争者构成巨大"竞争壁垒"的公司。当然，这不一定意味着他所投资的公司一定独占某种产品或某个市场。例如，可口可乐公司从来就不缺竞争对手。巴菲特眼中所谓的竞争壁垒，是指那些具有长期竞争优势、公司内在价值和品牌优势是同行业其他公司所无法企及的。巴菲特说："我们的重点在于试图寻找到那些在通常情况下未来 10 年、或者 15 年、或者 20 年后的企业经营情况是可以预测的企业。"

（4）有限多元化投资

费雪教导巴菲特不要过分强调多元化。费雪认为，投资者被多元化误导了，他们相信把鸡蛋放在几个篮子里能降低风险。但购买太多股票的害处是不可能去观察所有篮子中的所有鸡蛋。投资者得冒花太少精力在他们熟悉的公司而花太多精力在他们陌生的公司上的风险。买入大量对其业务不甚了解的公司的股票所承受的风险要比投资了解深刻的有限多元化更大。

受到凯恩斯和费雪等人的影响，巴菲特的投资理念更倾向于有限多元化或是集中投资："不要犹豫不定，为什么不把钱投资到你最看好的投资对象上呢？"在他的投资组合中，前 10 只股票占了投资总量的 90%。

（5）耐心是关键

巴菲特的原则是：不要频频换手，直到有好的投资对象才出手，如果没有好的投资对象，那么宁可持有现金。这也是巴菲特在格雷厄姆和费雪之间找到的平衡点：寻找有良好景的股票，然后耐心等待合适的价格入市。耐心不但包括买入还包括持有，只有耐心持有好股票才有可能获得巨大的利润。

（6）避免从众行为

巴菲特讲过一个故事：一个石油勘探者来到天堂门口，听到一个令他万分沮丧的消息，为石油工人保留的庭院已经满了。在得到圣彼得的恩准可以说几句话后，他大声叫道："地狱里发现了石油。"于是天堂里每个石油工人都纷纷出发寻找冥府财宝去了。圣彼得对他留下了深刻的印象，并告诉他说现在天堂里有足够的地方了。但是这个勘探者犹豫了一下说，"我想我该跟这些人一起去，也许在谣传的背后会有些真实的成分。"

（7）熟悉的、简单的就是最好的

巴菲特会远离那些自己能力所无法把握、无法控制的投资品种。20 世纪 90 年代末，巴菲特不愿投资网络科技股的一个原因就是：他"看不懂"那些公司。当时很多人一致认为他已经落伍了，但是当网络泡沫埋葬掉一批疯狂的投机家之后，巴菲特再一次展现了其稳健的投资大师的风采，他依然是市场上最大的赢家。

巴菲特说，成功的秘诀很简单，他专门挑选那些一尺高的栏杆轻易地跨过去，而不是专找那些七尺高的栏杆尝试着能否跳过去。

（8）远离市场

巴菲特的办公室里没有报告股市行情的机器，他说："当我们买下一只股票后，我们不会因市场关闭一两年而担忧"。在经过深入了解和研究后，如果你买入并打算长期持有一家优秀公司的股票，就不要理会它短期的价格波动，股市每天的变化对你来说是无关紧要的。市场上充斥着太多不理性的投资者，远离市场，避免受到"市场先生"的蛊惑，做一个"旁观者清"的人。

5. 吉姆·罗杰斯的投资哲学

（1）勤奋

罗杰斯时常提及童年时父亲对自己的教诲："你永远可以找到你能做的事，假如真的没事做，就拿抹布把货架擦干净"。罗杰斯就是这么做的，少年时代的勤奋让他得到了意外的加薪，保持这种勤奋让他收获了 37 岁时就可以周游世界的荣耀和财富。创业之初，他一个人可以干 6 个人的工作，天道酬勤、一分耕耘就有一分收获。很多人只看到别人的成功，却看不到别人为追求成功所付出的汗水和努力。

（2）独立思考

罗杰斯说："过去，我在几个重要的投资决策上曾经听从别人的劝告而忽略自己内心的决定。奇怪得很，每一次这样的投资都失败了，每一次都让我损失惨重。于是我不再让别人影响我，并根据自己所下的决定采取行动。直到年过 30 岁，我终于了解这才是最佳的投资之道；但我同时也知道，我之所以会成功是因为自己遵照这个原则，而不去想会不会太迟。"

独立思考并不是闭门造车、刚愎自用。在做自己认为是对的事情之前，要尽自己所能先做好充分的研究和分析，找出任何可以到手的数据和资料，仔细研究，彻底分析，直到完全确定你的想法是正确的。如果只是"认为"自己的想法是正确的，那么不要去做决定，直到你能"确定"自己的想法是正确的才可以采取行动。

（3）正确认识自己

罗杰斯早年在纽伯格公司时，曾研究过一只股票，他认为那只股票基本面极差很难支撑其股价，肯定会暴跌，于是做空该股。但是该股却大幅上涨，使得罗杰斯把自己当时大部分的钱都亏在这只股票上面。不久该股票果如罗杰斯预测的那样，发生了超级暴跌，但对于当时的罗杰斯来说游戏已经结束了。

从这次惨败的交易中，罗杰斯总结出了一个刻骨铭心的经验和教训："我知道自己常常比别人早一步看到事情的发生，所以往往反应得太快或太早了，因此我现在训练自己要等待。在我年轻时，我差一点儿破产，因为在股市疯狂上涨或人们惊慌抛售时，我都会跟进。现在我学会一旦兴起疯狂想加入人群的念头时，我会控制住自己，转身与群众反向而行。当别人都在卖时，要说'买'的确是很困难的，但是这么多年下来，我终于对自己的情绪多了解了一点儿。"

（4）多研究哲学和历史

学习历史和哲学吧，干什么都比进商学院好。罗杰斯在哥伦比亚经济学院教书时，总是对学生说，不应该来读经济学院，这是浪费时间。罗杰斯并不是反对年轻人要接受教育和多读书，而是反对"死读书和读死书"，他认为实践才是最锻炼人的地方，与其听那些从没做过投资的教授们讲授空洞的投资学，还不如去当服务员甚至是小贩，亲身体验什么是投资和做生意。

（5）逆大众思维而为

假如周遭的人都劝你不要做某件事，甚至嘲笑你根本不该想去做，就可以把这件事当作可能成功的指标。这个道理非常重要，你一定要了解：与众人反向而行是很需要勇气的。事实是，这世界上从不曾有哪个人是只靠从众而成功的。

罗杰斯历次对市场大趋势的精准判断都和当时的主流看法相违，例如，1982 他说美国股市的牛市即将来临，当时很多人都认为他疯了；1987 年在牛市的狂欢声中，罗杰斯却断言股灾将至，还是有人认为他疯了，结果证明罗杰斯没疯，而是大多数人都在发疯；1999 年互联网泡沫破灭前，罗杰斯又一次发出警示，但是人们依然如故地认为"罗杰斯再次发疯"，事实证明，罗杰斯是当时股票市场上数量不多的正常人之一。

（6）心怀世界，放眼未来

探索过这个世界之后，在其中获得的知识和经验可以以各种不同的方式帮助你成功。把你的眼光放在未来，不要眷恋那些迟早会过时的东西。不管你曾经投下多少的时间、精力和金钱，一旦这个东西走了、过时了，它就永远消失了。假如你真的希望成功，把赌注押在你知道它会长存的东西上。

看得见未来的人才可能获得丰厚的财富。投资者的眼光是否长远、能否心怀世界、放眼未来，将决定其能否成就事业以及会有多大的成就。

第三节

风物长宜放眼量——进阶策略

一、灵活认识交易时机

无论是处于上升还是下跌趋势中的均线，其顺滑程度都会对价格趋势的运行速度带来较大的影响。

当价格在均线的支撑下击浪上行时，均线顺滑则趋势明显，价格受到的阻力就越小、上升速度越快，多方参与收获财富的热情越高；当价格在均线的压制下逐波下潜时，均线顺滑则趋势明显，下跌速度就越快，空方短期收益越巨大。如图8-4所示，当均线顺滑和有序维持上升趋势时，正是投资者选择介入和持有的时机。

当均线形态峰谷起伏、蜿蜒曲折时，价格则表现为乍起乍落、涨跌皆无规律可言。均线峰谷的频繁重复出现，意味着趋势不明和前途叵测，投资者必然心存忐忑、坐立不安，很多人往往在这个阶段因频繁交易、屡屡失手而招致巨亏。如图8-5所示，均线起伏不定之际，投资者与其参与其中、勉力维持，不如离场静观其变。

交易时机的选择说简单也简单，以均线为例，当均线顺滑时便是入场操作之际；当均线峰谷起落、层峦叠嶂时，便是离场之际。道理说穿了人人都明白，可并不是人人都能遵守、坚守这个最基本的道理。事不关己，高高挂起，容易做；事到临头，环境瞬息万变、心中悲苦交加之际，仍旧不改当初选择的人少之又少。

在投资市场上，不是每时每刻都有适合你的交易机会；学会放弃、学会休息，也是投资过程中的一项重要内容和步骤。做适合你做的事，别强求把所有的机会都揽在你的怀中，否则机会也会变化成风险。有句俗语，话糙理不糙：酸枣是猴子吃的，老母猪吃了会倒牙，因为那不是它的菜。

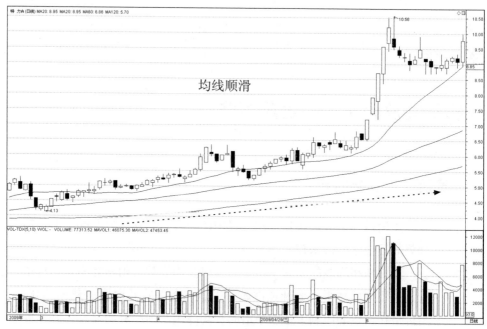

图 8-4　均线顺滑（特力 A）

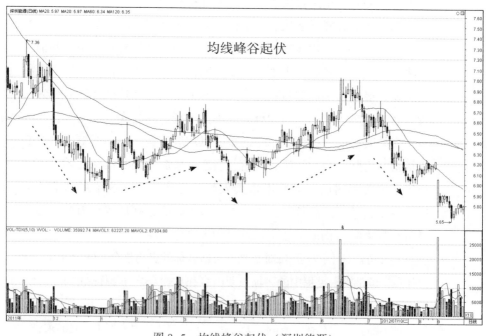

图 8-5　均线峰谷起伏（深圳能源）

二、关注更大的画面

清人陈澹然有一名言："不谋万世者，不足谋一时；不谋全局者，不足谋一隅。"这句话的大致意思是说，没有长远、全局性的眼光和胸襟，在细节处理上也难以获得长久的成功。

在投资过程中，拥有全局观关注更大的画面，是投资者提升自身素养的必备条件。关注更大的画面，可以让你从交易细节的模棱两可中脱身而出，从而在大趋势上发现市场的真实方向；也可以让你避免陷入细节的悲观情绪中，而能以正常心态和思维看待市场的发展前景。如图8-6所示，图中原油期货从147元的高位开始回落，至A点出现一波反弹。拥有大局观、习惯关注更大画面的投资者，如果从当时的世界经济状况和原油期货本身的趋势上进行分析，就不会轻易认定下跌趋势会就此扭转。而喜欢追逐在细节里的投资者，在这个短期反弹中如果置大势

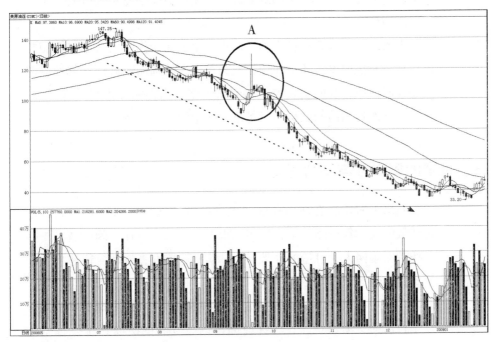

图 8-6 关注更大的画面（美原油）

于不顾而盲目试图做多取利，则可能就会面临灭顶之灾。

投资大师彼得·林奇一直强调投资者在市场中应该具有一种大局观，这样更有利于保持自己良好的心态。1987年的美国股灾，使林奇管理的麦哲伦基金遭受到了较大的损失，一度让他郁郁寡欢。林奇从大局观诠释了这场股灾，最终不但从心态上也从实战中战胜了市场。在大股灾的背景下，1987年麦哲伦基金仍旧保持了正收益，并连续10年超过共同基金的平均收益水平。后来彼得·林奇在回忆时说："每当我对现状感到怀疑和沮丧，我就把注意力集中到更大的画面，更大的画面值得了解，如果你期望在股市上能够坚守信念的话。更大的画面告诉我们，在过去的70年中，股票平均每年提供11%的回报，而国库券、债券、定期存单的回报不足一半。尽管本世纪以来股市发生了大大小小的灾难，每次都有上千条理由让人相信世界末日即将来临，但持有股票的回报两倍于持有债券。就赚钱来讲，相信这些资料并据此行动，长期的效果远胜于相信200个专家或顾问关于经济衰退的预言。"

更大的画面或者说投资的大局观，至少能让你明白自己是在做与市场趋势对抗的事情还是在顺势而为。更大的画面还可以让你摆脱因市场局部环境不利所引发的极端恐慌情绪。当你站在市场的最高处，也许才能发现当前的波折不过是沧海之中的一丝微澜。

三、投资的概率性与综合考量

网络上时常会有新面孔的"股神"或"投资一哥"出现，这些神话般的人物很少能够享誉经年，很多人像流星一样一闪而逝。排除一些利益集团人为打造的"股神"，那些消逝的"一哥"往往折戟于投资概率性的沼泽。

当市场在某些阶段出现的现象被当成固有规律，而投资者依此建立了自己的交易系统，在某些时间段内投资者的交易系统发挥了作用，显示了其神奇的一面，于是乎"股神"诞生。随着时间的延长，缺乏概率考量机制和建立在固有规律上日益僵化的交易系统，必然会遭遇崩溃的命运。在投资市场上几乎每个投资者都有过一段时间的"神奇表现"，然后会再度陷入平凡或糟糕的表现阶段，很多人将其归结于运气，其实却是概率在其中发挥着作用。

无论是基本面分析还是技术面分析，投资的概率性都无法回避。一家基本面优秀的公司，谁都无法保证来年不会出现任何可能导致业绩下降的意外因素，黑天鹅事件的不可预知性无从回避。正如2008年的世界性金融危机，以及2008年汶川地震使得一些上市公司受到不利的影响，事先并没有多少人可以预知上述情况的发生。

一些经历过时间考验的投资大师，能够保持着几十年的丰硕收益，并不是因为他们拥有能够回避概率性的神奇法术，而在于能够包容概率性的影响，概率性考量是他们投资哲学中的一部分。即便如此，任何一位享誉世界的投资大师，仍旧不能保证在其投资生涯中不犯错，而只能保证少犯错。

当然，虽然概率性在投资中占据着不可低估的重要地位，但是并不意味着投资就被概率性所主宰，投资毫无确定性可言。那样的话，投资就和赌博并无二致了。

投资者应对概率性的影响，可以从长期分析（基本面以及技术面）以及"形与势"理论分析入手。以基本面分析为例，正如上文中提到的2008年汶川地震使得一些上市公司受到不利的影响，但是意外事件的影响并不足以改变一家优秀公司中长期的盈利水平。如图8-7所示，该公司2008年受到汶川地震的影响，股价一度暴跌，但是这一突发意外事件并未对公司造成不可逆转的危机。约一年后，该公司股价收复失地并创出新高。

在本书之前的章节中，我们也一再提及"形与势"理论分析，这种分析方法对市场某些阶段出现的固有规律或现象，进行一个动态的分析而非传统理论中静止的、形态学上的分析。"形与势"理论分析的基础，既不是投资者的主观愿望也不是某种模型和固有形态，而是尊重市场的选择，以市场的选择来确定自己的交易方向。

本书虽以均线技术为讲述的主要内容，但是在实战中笔者更倡导多项技术工具的契合分析，并融合基本面分析方面的知识。若如此，

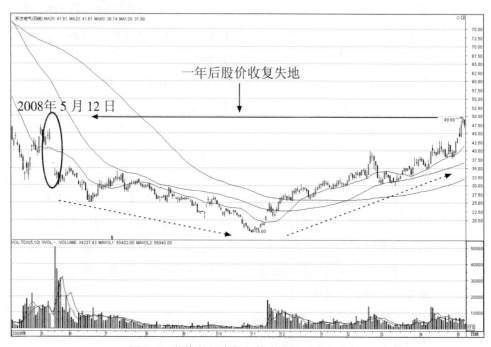

一年后股价收复失地

2008年5月12日

图8-7 投资的概率性与综合考量（东方电气）

则你在投资成功的概率上，就多了一份砝码和保障。

　　作家阮海彪曾经说："据说生长人参的土地都寸草不生，你必须先经过寸草不生的考验，至于长不长人参还是个未知数。"投资之道理同于此，也以这句话作为本书的结尾与投资者共勉。